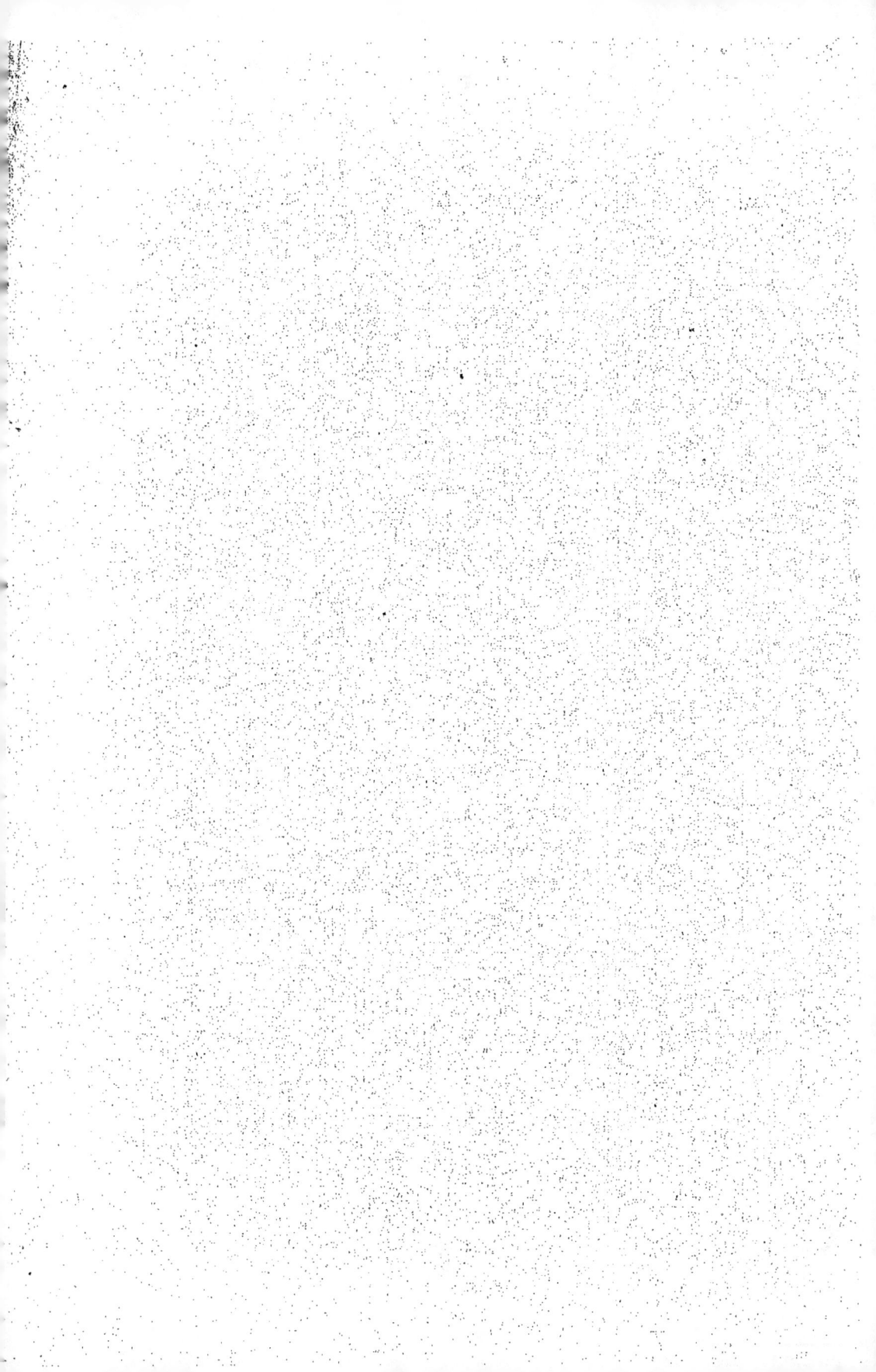

RAIMOND DESLANDES

Vert

Antoinette Rigaud

Comédie en trois actes

PARIS

PAUL OLLENDORFF, ÉDITEUR

28 *bis*, RUE DE RICHELIEU, 28 *bis*

1887

ANTOINETTE RIGAUD

COMÉDIE EN TROIS ACTES

ET EN PROSE

Représentée pour la première fois, à Paris, à la COMÉDIE-FRANÇAISE,
le mercredi 30 septembre 1885.

DU MÊME AUTEUR

Imprimerie générale de Châtillon sur Seine. — A. Pichat.

ANTOINETTE RIGAUD

COMÉDIE EN TROIS ACTES

ET EN PROSE

PAR

RAIMOND DESLANDES

PARIS

PAUL OLLENDORFF, ÉDITEUR

28 *bis*, RUE DE RICHELIEU, 28 *bis*

—

1887

Il a été tiré à part dix exemplaires sur papier de Hollande numérotés à la presse (1 à 10).

NOTES DE L'AUTEUR

———

Ceci n'est point une préface ! Les écrivains, comme Alexandre Dumas, qui mettent leur science du théâtre et l'éloquence de leur talent au service d'une idée philosophique ou morale, ont certes le droit de dire à quelles sources ils ont puisé leurs inspirations. C'est une bonne fortune pour le public, un régal de gourmets, pour les délicats et les lettrés ; mais une pièce qui n'est qu'une aventure, une fiction romanesque, une conception idéaliste, se passe de commentaires, et ce serait une prétention excessive que de chercher à lui attribuer une portée qu'elle n'a pas.

En plaçant ces quelques lignes en tête de la bro-
chure d'*Antoinette Rigaud*, je n'ai eu d'autre but
que de témoigner ma gratitude à tous ceux qui ont
bien voulu contribuer ou s'associer à son succès...
Je tenais à remercier publiquement le comité du
Théâtre-Français de m'avoir offert une hospitalité
digne de cette illustre maison, en même temps
que je considérais comme un devoir, de rendre un
dernier hommage à la mémoire de l'homme émi-
nent, aujourd'hui disparu, qui m'en avait ouvert
les portes.

Je connaissais peu M. Émile Perrin. Nous nous
étions rencontrés, pendant le siège, dans ce Paris
bloqué, où le patriotisme l'avait retenu, alors que
son âge l'autorisait à s'en éloigner. Depuis la
guerre, nous nous étions perdus de vue — une
poignée de main, dans les couloirs, aux premières
représentations — et c'était tout.

C'est à Gustave Worms, le très distingué socié-
taire de la Comédie-Française, que je dois d'avoir
renoué des relations, qui m'ont été chères. Nous
étions tous deux, Worms et moi, dans les Pyré-
nées, à Cauterets, soumis au même régime, bu-
vant aux mêmes sources, et c'est en gravissant la
colline qui conduit à la Raillère, que, par manière
de flânerie, je fus amené à lui raconter le sujet de
ma pièce, qui n'était alors qu'à l'état d'ébauche.

J'hésitais à l'écrire. Ma situation de directeur du Vaudeville, m'embarrassait. Je ne me dissimulais pas que, malgré tout le soin que je prenais d'apporter, dans ces fonctions délicates, la politesse, les égards, la déférence que l'on doit à des confrères, et bien que je n'eusse jamais eu à me reprocher d'avoir maraudé sur leurs terres, ni cueilli les pommes du voisin, je ne me dissimulais pas que j'avais dû blesser bien des amours-propres, froisser bien des susceptibilités, et je n'étais guère tenté de donner une représentation de gala — qui pouvait faire long feu, — au bénéfice d'hostilités sournoises ou de rancunes déclarées.

Worms rassura mes scrupules, triompha de mes hésitations, et, à quelque temps de là, je lisais *Antoinette Rigaud* à M. Perrin, dans ce cabinet solennel qui ressemble un peu à un cabinet de juge d'instruction, et que notre excellent confrère Jules Claretie occupe aujourd'hui, cherchant, par son initiative personnelle, à combler le vide qui s'y est fait.

La pièce plut à M. Perrin ; il m'assura que je pouvais me présenter devant le comité, et, en effet, j'eus l'heureuse fortune d'obtenir un vote de confiance.

La maladie qui devait emporter l'administrateur général du Théâtre-Français le surprit au milieu des répétitions d'*Antoinette Rigaud*. M. Kaempfen, alors directeur des Beaux-Arts, fut chargé de l'intérim. M. Kaempfen est un écrivain très éclairé, très compétent dans les questions d'art, et pendant les trois mois qu'il exerça à la Comédie-Française cette magistrature improvisée de maire du Palais, il eut le temps de donner la mesure de son sens si droit et de son tact si éprouvé. C'est sous son administration que fut représentée *Antoinette Rigaud*, et j'ai été à même d'apprécier le mérite de cet homme simple, modeste, doux et ferme à la fois.

A la mort de M. Perrin, il se démit de ses fonctions, sans bruit, sans tapage, ne demandant à ses efforts et à ses peines d'autre récompense que la satisfaction de la tâche accomplie.

Je me hâte de reconnaître que je suis redevable de la meilleure part de mon succès à ce concours empressé de sympathies, et surtout à l'éclat de l'interprétation.

Avec quelle autorité magistrale, Frédéric Febvre a créé son personnage! Quel relief et quelle habileté de composition! Qu'il joue, dans *Antoinette Rigaud*, le général de Préfond, un père; dans *Francillon*, le comte de Riverolles, un mari; dans *Mirabeau*, un tribun : ce n'est jamais le même homme — et c'est toujours le même talent.

Quant à Worms, c'était pour moi l'idéal rêvé! Où trouver un artiste qui puisse lui être comparé, un artiste qui ait cette flamme, cette sincérité dans la passion, cette émotion vraie? Son succès a été unanime, et j'en ai été doublement heureux, car si j'admire le comédien, je tiens l'homme en grande estime et en grande amitié.

Laroche a fait un type curieux du bonhomme Rigaud. Il y a mis sa marque et c'est du Laroche de derrière les fagots!

Baillet a sauvé fort habilement les côtés scabreux d'un rôle difficile, tout en restant aimable, léger, spirituel, à l'heure où le drame n'avait pas encore assombri la comédie.

Le personnage de Bernardet a donné l'occasion à Truffier de dessiner avec une touche légère un croquis de bourgeois fort amusant.

Tous mes remercîments à MM. Joliet et Roger, qui ont bien voulu, dans des rôles effacés, contribuer à l'ensemble.

J'ai gardé pour le bouquet, mesdames Worms-Barretta, Reichenberg, Durand et Fayolle!

Quelle exquise comédienne que madame Barretta! Elle a la jeunesse, la beauté, le charme, avec cette grâce décente, qui est comme la fleur de son talent. Comme elle a bien le ton et le grand air de la maison! Et quelle diseuse incomparable! Tous ces dons privilégiés, elle les a mis en lumière dans le rôle d'Antoinette, qu'elle a créé à miracle.

Et Suzanne Reichenberg! une perle !... une perle blonde, dans l'écrin du Théâtre-Français! Que de séductions et d'ensorcellement chez cette mignonne créature! Tour à tour souriante, enjouée, émue, comme elle m'a vite conquis le public !

De mademoiselle Durand, il n'y avait qu'une voix dans la salle, pour dire avec Augier, dans *Philiberte* :

Elle est charmante! elle est charmante! elle est charmante !

Mademoiselle Fayolle a joué la Préfète avec beaucoup de bonne grâce et de résignation. Je lui demande pardon de lui avoir infligé cette corvée officielle... Elle mérite vraiment les palmes académiques.

Je ne suis pas quitte encore avec tous mes créanciers : il me reste une dette à payer, une dette de reconnaissance envers la Presse, si courtoise, si bienveillante, si empressée à m'accorder les marques les plus flatteuses de ses sympathies littéraires. S'il s'est élevé, dans ce concert de louanges, deux ou trois notes discordantes, peut-être partaient-elles de la vanité blessée de quelques confrères auxquels nous avions refusé des chefs-d'œuvre... restés inédits !

Dans une de ses lettres à mademoiselle Voland, Diderot écrivait :

« *Voilà le fond de l'âme d'un auteur : il veut plaire,*
« *même à ceux qu'il méprise, et l'éloge de mille gens*
« *d'esprit, d'honneur et de goût ne le console pas de*
« *la critique d'un sot !* »

Eh bien, moi, malgré Diderot, je tiens pour les gens d'esprit, d'honneur et de goût, et je me console avec eux de la critique d'un sot.

— Voilà le fond de mon âme !

RAIMOND DESLANDES.

6 octobre 1887.

PERSONNAGES

LE GÉNÉRAL DE PRÉFOND....	MM.	FRÉDÉRIC FÈVRE.
RIGAUD...........................		LAROCHE.
OLLIVIER DE TREUILLES......		WORMS.
JACQUES SAUNOY...............		BAILLET.
BERNARDET.....................		TRUFFIER.
LE PRÉFET DE TOURS.........		JOLIET.
PIERRE, ordonnance du général ..		ROGER.
GENÉVIÈVE DE PRÉFOND	Mllo	REICHENBERG.
ANTOINETTE RIGAUD.........	Mme	WORMS-BARRETTA.
OLYMPE BERNARDET.........	Mllo	DURAND.
LA PRÉFÈTE	Mllo	FAYOLLE.

OFFICIERS, DOMESTIQUES.

La scène se passe dans un château aux environs de Tours.

———

S'adresser, pour avoir la mise en scène détaillée et le plan du décor, à M. Léautaud, au Théâtre-Français.

ANTOINETTE RIGAUD

ACTE PREMIER

Un château aux environs de Tours, chez le général de Préfond. — Salon renaissance. — Une terrasse au fond, avec balustrade.

SCÈNE PREMIÈRE

LE GÉNÉRAL, LE PRÉFET, OLLIVIER DE TREUILLES, BERNARDET, GENEVIÈVE, OLYMPE, LA PRÉFÈTE, OFFICIERS, DOMESTIQUES, en grande livrée.

Au lever du rideau, les domestiques circulent. Sur un guéridon, café, liqueurs. On sort de table. Le général est en habit noir, cravate blanche, rosette d'officier. Les officiers sont en tenue, les femmes en toilettes de gala.

Brouhaha confus qui précède la sortie de table. Le général donne le bras à la préfète. Le préfet donne le bras à Geneviève, Ollivier de Treuilles à Olympe Bernardet. Bernardet seul cause au fond avec les officiers. Geneviève, en entrant en scène, quitte le bras du préfet et se dirige vers le guéridon où est dressé le café.

GENEVIÈVE.
Vous permettez, monsieur le Préfet?

1

LE PRÉFET.

Comment donc, mademoiselle.

LE PRÉFÈTE, au général.

Votre fille est vraiment charmante, général, elle fait les honneurs de votre salon avec une grâce, un tact...

LE GÉNÉRAL.

Geneviève était encore enfant lorsqu'elle a perdu sa mère, et plus tard, avec une intuition très délicate, elle a compris qu'elle seule pouvait occuper dans cette maison la place restée vide.

GENEVIÈVE, aux officiers.

Messieurs, si vous voulez fumer, vous trouverez des cigares sur la terrasse.

Un groupe d'officiers disparaît.

LA PRÉFÈTE, au général. S'asseyant sur un canapé à droite.

Et vous ne songez pas à la marier?

LE GÉNÉRAL.

Elle n'a que dix-huit ans, nous avons le temps d'y songer.

LA PRÉFÈTE.

Egoïste !

LE GÉNÉRAL.

Que voulez-vous? C'est la seule joie qui me reste.

Geneviève présente une tasse de café à la préfète.

LA PRÉFÈTE, prenant la tasse.

Merci, mignonne !

BERNARDET, au préfet et à des officiers au fond.

De cette terrasse, il y a huit jours, avec une lorgnette marine, on voyait tous les mouvements, toutes les évolutions des grandes manœuvres...

OLYMPE, à Ollivier.

Voilà mon mari dans son véritable élément.

OLLIVIER, riant.

Oui, oui, il sent la poudre, cet excellent Bernardet.

BERNARDET, au préfet.

C'était un magnifique spectacle !

LE PRÉFET.

Vous avez manqué votre vocation, monsieur Bernardet, vous étiez né pour être soldat...

BERNARDET.

C'était mon rêve ! Mais que voulez-vous, mon père, au lieu de me faire entrer à Saint-Cyr, m'a fait entrer chez un agent de change... au lieu de me mettre dans la main l'épée d'un soldat, il y a placé la plume d'un comptable ! J'aurais pu être un héros, je ne suis qu'un parvenu de la finance. J'ai fait fortune, c'est vrai. J'ai acheté aux environs de Tours un petit castel, où Turenne a, dit-on, passé la nuit. Je couche dans son lit, mais ça ne me suffit pas... Je regrette le boulet qui l'a emporté.

OLLIVIER, riant.

Consolez-vous, monsieur Bernardet.

BERNARDET.

Oui, je me console, en cherchant à me faire des amis, de ceux que j'aurais voulu avoir pour compagnons d'armes.

LE GÉNÉRAL.

Et vous y réussissez, puisque l'on vous a surnommé l'ami des officiers !

BERNARDET.

C'est mon seul titre de gloire, général.

OLLIVIER.

Et à force de fréquenter nos camarades, M. Bernardet leur a emprunté, sans préméditation bien certainement, quelque chose de leurs façons, de leurs allures, de leurs habitudes même...

BERNARDET.

Oh! un reflet, un pâle reflet, capitaine.

LA PRÉFÈTE.

Un reflet d'épée, monsieur Bernardet!

GENEVIÈVE.

Moi, la première fois que j'ai vu M. Bernardet, je l'ai pris pour un soldat.

BERNARDET.

Comme ma femme...

Il remonte.

LE GÉNÉRAL, à Olympe.

Et c'est ce qui a décidé votre choix, madame?

OLYMPE.

Eh! eh! Je ne dis pas. J'aurais épousé très volontiers un militaire!

OLLIVIER, bas.

Vous pouvez presque vous faire illusion.

OLYMPE, souriant.

Presque... Y a-t-il longtemps que vous n'avez eu des nouvelles de votre sœur?

OLLIVIER.

Antoinette? Nous nous écrivons beaucoup, mais nous nous voyons rarement. J'espérais qu'à l'occasion de l'anniversaire de la naissance de mademoiselle de Préfond, elle serait aujourd'hui des nôtres.

LE GÉNÉRAL.

Et par une mauvaise chance, Rigaud est caserné à Angers. Il fait partie du jury...

GENEVIÈVE, à Olympe.

De sorte qu'Antoinettte...

LE GÉNÉRAL.

Reste à la maison, la gardienne du foyer.

GENEVIÈVE.

C'est égal. Elle aurait bien pu venir sans son mari...

OLYMPE.

Oh ! oh ! Si tu crois que M. Rigaud lui donne ainsi la clé des champs... Je le soupçonne d'être un peu jaloux de sa femme, ce bon M. Rigaud.

LE GÉNÉRAL.

Lui, jaloux ! un homme si occupé ! avec une ardoisière sur les bras, et toute une légion d'ouvriers sous ses ordres ! Est-ce qu'il a le temps d'être jaloux ?

OLYMPE.

Il le prend !

OLLIVIER.

Oh ! oh ! Madame Bernardet a l'air d'être renseignée...

OLYMPE.

Ce ne sont que des présomptions. Mais je me souviens qu'il y a un an, l'été dernier, Antoinette a eu toutes les peines du monde, à obtenir le consentement de son mari, pour aller passer un mois en Bretagne, chez une vieille parente. Il a fallu une ordonnance du médecin... que nous avons dû rédiger nous-mêmes.

LE GÉNÉRAL.

Vous avez fait de la médecine illégale ?

OLYMPE.

Oui, général, nous avons corrompu la faculté, qui

s'y est prêtée avec d'autant moins de scrupules, qu'Antoinette avait véritablement besoin de changer d'air.

OLLIVIER, inquiet.

Ah !...

OLYMPE.

Oh ! rien !... Des papillons noirs ! Aussi, une fois l'ordonnance approuvée, elle était joyeuse comme un oiseau à qui l'on vient d'ouvrir sa cage... Une cage qui ne doit pas toujours être gaie, la cage de M. Rigaud !

LE GÉNÉRAL.

Pourquoi cela, madame ! Rigaud n'engendre pas la mélancolie... C'est un homme tout rond, et qui a de la bonne humeur... J'estime qu'Antoinette ne doit pas s'ennuyer dans la compagnie de cet honnête Tourangeau. Vous connaissez Rigaud, mon cher préfet ?

LE PRÉFET.

A peine, mais je sais qu'il est très considéré dans le pays.

LE GÉNÉRAL.

C'est chez moi que Rigaud a rencontré Antoinette. Elle sortait du couvent, en même temps que Geneviève et madame Bernardet. Son père, mon ancien compagnon d'armes, le colonel de Treuilles, avait été tué en Afrique. Sa mère n'existait plus. Il ne lui restait comme appui, comme tuteur naturel, que son frère Ollivier, qui sortait de Saint-Cyr, et qui n'avait que quelques années de plus qu'elle.

GENEVIÈVE.

Et qui la gâtait... Et qui la gâtait !... Te rappelles-tu, Olympe ? C'était toujours le jeudi que le capitaine venait au couvent. Il apportait à Antoinette, dans un joli petit panier, des bouquets de cerises et des gâteaux que nous partagions ensemble...

OLYMPE.

Oui, oui, nous le guettions aux fenêtres de la salle
d'étude.

GENEVIÈVE.

Et quand il arrivait au parloir, chargé de ses frian-
dises... nous nous écriions toutes : Mesdemoiselles,
mesdemoiselles, voilà bonne maman !

OLLIVIER, riant.

Bonne maman... vous m'appeliez : bonne maman !

BERNARDET.

Bonne maman, sous-lieutenant de chasseurs...

LE PRÉFÈTE.

C'était assez bien imaginé !

GENEVIÈVE.

N'est-ce pas ?

OLLIVIER.

Il est vrai qu'Antoinette a toujours été ma plus chère
préoccupation ! Songez donc, mademoiselle, avoir au
début de sa carrière, au milieu des complications de
cette vie d'aventures, une fillette sur les bras ! Gouver-
ner un enfant et commander un escadron... la tâche
était rude... J'avais charge d'âme. Heureusement, un
galant homme s'est trouvé là fort à propos. La grâce
d'Antoinette l'a séduit, et bien que sa dot fût on ne
peut plus modeste...

GENEVIÈVE.

Il n'a pas hésité à l'épouser... C'est un bon point,
cela.

OLLIVIER.

Ce n'est pas précisément le mari que j'avais rêvé
pour Antoinette. Rigaud a toujours vécu au milieu des
ouvriers. Son éducation mondaine manque peut-être
de culture, mais c'est un brave homme, un cœur droit,
loyal. Il aime sa femme, et c'est là l'important !

LE GÉNÉRAL.

Bien parlé, capitaine...

SCÈNE II

LES MÊMES, UN DOMESTIQUE.

LE DOMESTIQUE.

M. Jacques Saunoy, mon général, demande si vous voulez bien le recevoir.

LE GÉNÉRAL.

Saunoy ?

OLLIVIER.

Jacques !... Il est ici ?

BERNARDET.

Saunoy, attendez donc. Je connais un Saunoy, sorti de Saint-Cyr en 57, quatrième brigade de dragons, quatrième division de cavalerie.

LE GÉNÉRAL.

Ce n'est pas lui ! Saunoy est un peintre, un artiste ! (Au domestique.) Faites entrer M. Saunoy.

Le domestique sort.

GENEVIÈVE.

M. Saunoy est de vos amis, je crois, capitaine ?

OLLIVIER.

Un ami de fraîche date, mademoiselle ; nous nous sommes liés en Tunisie, dans des circonstances assez particulières... et il va être bien surpris...

GENEVIÈVE.

Ah !

LE GÉNÉRAL, allant au devant de Saunoy.

Venez donc, Saunoy.

SCÈNE III

LES MÊMES, JACQUES.

JACQUES.

Mon général... (Il s'arrête interloqué.) Ah !... pardon.... j'entre, comme au moulin. Je ne savais pas, je suis indiscret... Je me retire...

LE GÉNÉRAL, riant.

Comment, vous vous retirez !

JACQUES.

Vous avez du monde et ce costume de touriste...

LE GÉNÉRAL.

Laissez donc, vous êtes très bien ainsi. Une réunion de famille... Des amis qui sont les vôtres... vous connaissez M. Rainvilliers, préfet de Tours, madame Rainvilliers, M. et madame Bernardet ?

JACQUES.

J'ai beaucoup entendu parler de M. Bernardet, jusques en Tunisie... Le capitaine Pujol...

BERNARDET.

36e de ligne, 4e division d'infanterie... sorti de Saint-Cyr en 69.

JACQUES.

Le capitaine Pujol me disait, il y a quelques jours : si jamais vous rencontrez Bernardet...serrez-lui la main pour moi, c'est presque un des nôtres !

1.

BERNARDET, serrant la main de Jacques.

Brave Pujol ! brave cœur !

LE GÉNÉRAL, à Jacques.

Je ne vous présente pas ma fille ; (Jacques s'incline.) pas plus que le capitaine de Treuilles !

JACQUES.

Ollivier ! Général, voulez-vous me permettre de l'embrasser ?... Je ne l'ai pas revu depuis le jour où il m'a sauvé la vie !

Il embrasse Ollivier.

GENEVIÈVE.

Comment, capitaine, vous avez sauvé la vie à M. Saunoy ?

LE GÉNÉRAL.

Et vous ne nous en avez pas soufflé mot ?

OLLIVIER, embarrassé.

Mon Dieu, général...

JACQUES.

Il ne vous a pas dit qu'au mépris des plus grands dangers, il m'avait arraché à une mort certaine ?...

LE GÉNÉRAL.

En voilà la première nouvelle !

JACQUES.

C'est bien lui !... Vous savez, mon général, que j'ai été envoyé en Tunisie pour faire campagne ?

LE GÉNÉRAL.

Une campagne à coups de crayon !

JACQUES.

J'étais chargé de reproduire les côtes pittoresques de ce curieux pays, et de croquer, sur le vif, ces Kroumirs qu'on prétendait invisibles, et que j'ai failli voir de trop

près. Un matin, je m'étais aventuré sur la route de
Sfax, avec mes outils de travail. J'avais ouvert mon
pliant, et j'étais en contemplation devant des horizons
lumineux... lorsqu'en me retournant, je me vois en-
touré par un cordon d'indigènes... Un effet de décor
que je n'avais pas recherché. J'essayai de faire bonne
contenance, mais je n'étais pas à mon aise... quand le
capitaine de Treuilles, que le hasard avait conduit dans
ces parages, le capitaine de Treuilles que je ne connaissais pas... qui était un étranger pour moi, se jette
vaillamment dans la mêlée, avec quelques hommes de
son régiment, frappe dans le tas avec rage, et après
des prodiges de sang-froid, de bravoure, parvient à
me délivrer. Voilà, général, comment j'ai fait la connaissance d'Ollivier.

GENEVIÈVE, à Ollivier.

Ce sont les circonstances assez particulières auxquelles
vous faisiez allusion ?

OLLIVIER.

Oui, mademoiselle...

JACQUES.

Ce jour-là, j'ai contracté envers lui une dette de
cœur, que mon amitié, je le crains bien, n'aura jamais
l'occasion d'acquitter.

OLLIVIER.

Saunoy exagère le mérite d'une action toute simple.
Je vois un Français, un compatriote, que des sauvages
sont sur le point d'égorger... Je vais à son secours...
Quoi de plus naturel ! Et si je suis assez heureux pour
le tirer de ce mauvais pas, je puis bien m'en réjouir,
mais je n'ai pas le droit de m'en glorifier. J'ai fait mon
métier de soldat, voilà tout...

BERNARDET.

C'est un homme de Plutarque !

LE GÉNÉRAL.

C'est vrai... Cependant, il n'est que juste de louer le sentiment chevaleresque qui vous a inspiré.

GENEVIÈVE.

Et la modestie un peu excessive, avec laquelle vous avez pris soin de nous cacher, à nous vos amis, votre elle conduite.

OLLIVIER.

Convenez, mademoiselle, que j'aurais eu bien mauvaise grâce...

LE GÉNÉRAL.

Oui, oui. Ce silence est d'un homme délicat.

GENEVIÈVE, présentant une tasse de café à Saunoy.

Une tasse de café, monsieur Saunoy?

JACQUES.

Volontiers, mademoiselle.

LE GÉNÉRAL.

Alors, voyageur infatigable, maintenant que vous voici de retour... quand partez-vous?

JACQUES.

Après avoir achevé votre portrait, général, si vous le permettez...

LE GÉNÉRAL.

Vous croyez donc pouvoir le terminer cette fois ?

JACQUES.

J'y compte bien.

GENEVIÈVE.

Oh ! oui, monsieur Saunoy, ne laissez pas plus longtemps mon père à l'état d'ébauche.

JACQUES.

C'est vrai, mademoiselle, j'ai eu toutes les mauvaises

chances. Toutes les fois que je me suis mis au travail,
au beau milieu de ma besogne, j'ai reçu une dépêche
m'expédiant, tantôt à Alger, tantôt au Caire, la dernière fois en Tunisie.

LE GÉNÉRAL.

Vous logez au château comme d'habitude, n'est-ce
pas? Votre chambre vous attend.

JACQUES.

Général, je vous suis très reconnaissant, mais, cette
fois, je n'userai pas de votre hospitalité !... J'ai fait
retenir une chambre au cabaret voisin... j'ai l'inten-
tion de me lever de grand matin, de courir les champs,
de reproduire quelques-uns de vos jolis paysages, et
je ne veux déranger personne.

LE GÉNÉRAL.

Comme il vous plaira, mon cher Saunoy. En tout cas,
le petit salon dont vous vous faites votre atelier est prêt
à vous recevoir.

JACQUES.

Et je vous demanderai la permission d'y faire transporter mon bagage, que j'ai laissé dans l'antichambre.

GENEVIÈVE.

Ce soin me regarde, monsieur Saunoy.

Elle sort.

LE GÉNÉRAL.

Eh bien, messieurs, si nous faisions une partie de
billard ?

TOUS.

Avec plaisir, général !

LE GÉNÉRAL.

On vous dit de première force, monsieur Bernardet ?

BERNARDET.

J'ai beaucoup fréquenté, dans ma jeunesse, le café
des officiers !

LE PRÉFET.

Une poule d'honneur, alors!

LE GÉNÉRAL.

Une poule d'honneur, soit!

OLYMPE.

Les dames marqueront les points.

Tout le monde sort.

LE GÉNÉRAL.

Allons, messieurs.

SCÈNE IV

OLLIVIER, JACQUES.

OLLIVIER.

Saunoy... voulez-vous me permettre de vous adresser une question... en dehors de toute convenance, et qui vous semblera sans doute bien indiscrète?

JACQUES.

Par exemple! Rien ne saurait me blesser venant de vous. Parlez...

OLLIVIER.

Est-ce bien pour faire le portrait du général de Préfond que vous êtes ici?

JACQUES.

Mais, absolument!

OLLIVIER.

Ce portrait n'est pas un prétexte?

JACQUES, surpris.

Un prétexte? Pourquoi un prétexte?

OLLIVIER, un peu embarrassé.

Mon Dieu... pour justifier vos assiduités dans ce château, et voiler un sentiment qui pourrait être étranger à la peinture !

JACQUES, riant.

Ah ! j'y suis. Je comprends... vous avez cru... vous vous êtes imaginé ?... Non, mon ami, non, je viens ici pour l'amour de l'art, pas pour autre chose. Et si, ce que je n'ai pas à savoir, vous avez formé des projets ou conçu des espérances qui intéressent votre bonheur... vous pouvez dormir sur vos deux oreilles. Ce n'est pas moi qui vous ferai obstacle... mon cœur n'est pas ici, mon cher Ollivier. Il court les grands chemins.

OLLIVIER.

Ah ! Après une infidèle ?

JACQUES.

Qui sait ?

SCÈNE V

LES MÊMES, GENEVIÈVE.

GENEVIÈVE.

Monsieur Saunoy, j'ai fait transporter dans le petit salon, tous vos outils de travail, comme vous dites. Si vous voulez vous assurer qu'on n'a rien oublié ?

JACQUES.

J'y vais, mademoiselle.

OLLIVIER.

Je vous accompagne, Saunoy,

Saunoy et Ollivier sortent.

SCÈNE VI

GENEVIÈVE, un instant seule, puis DEUX OFFICIERS
qui entrent sur la pointe des pieds,
LE PRÉFET, LA PRÉFÈTE qui passent.

GENEVIÈVE, regardant sortir Ollivier, descend lentement.

Il m'évite, il me fuit... toujours!... M'aime-t-il? Comme
ce cœur est délicat! mais comme il est fermé!

Elle se dirige vers le piano et feuillette des partitions d'une
main distraite.

PREMIER OFFICIER.

Filons à l'anglaise.

DEUXIÈME OFFICIER.

Où ai-je mis mon képi? Ah! sur la terrasse!

GENEVIÈVE, se dissimulant.

Ne les gênons pas!

DEUXIÈME OFFICIER.

Le voici. Dépêchons... pour ne pas manquer le train.
Je ne serai pas fâché de changer d'air.

PREMIER OFFICIER.

Et moi donc! J'en ai assez de cette petite fête bour-
geoise!

Ils sortent.

GENEVIÈVE.

Eh bien, ils sont aimables!

LE PRÉFET, entre et fait un signe à la Préfète.

Filons à l'anglaise.

LA PRÉFÈTE.

La voiture est attelée?

LE PRÉFET.

Oui, j'ai donné des ordres... Où est donc mon chapeau?

GENEVIÈVE, se cachant.

Ne les gênons pas!

LE PRÉFET.

Ah! le voici. Venez! Je commençais à en avoir assez de cette petite fête militaire.

LA PRÉFÈTE.

Et moi donc!

GENEVIÈVE, riant.

Allons, il y a de l'écho. Décidément, c'est une vraie déroute!

Les invités sortis, Geneviève se met au piano et joue du Schubert ou du Chopin.

SCÈNE VII

GENEVIÈVE, UN DOMESTIQUE.

LE DOMESTIQUE.

Pardon, mademoiselle.

GENEVIÈVE.

Qu'y a-t-il?

LE DOMESTIQUE.

Madame Rigaud vient d'arriver...

GENEVIÈVE.

Madame Rigaud? Vous dites madame Rigaud?

LE DOMESTIQUE.

Oui, mademoiselle... Elle attend dans le salon.

GENEVIÈVE.

Faites entrer et prévenez le capitaine de Treuilles.

Le domestique sort.

SCÈNE VIII

GENEVIÈVE, ANTOINETTE.

ANTOINETTE, entrant vivement.

Ma bonne petite Geneviève !

GENEVIÈVE, l'entraînant vers le canapé de droite.

Toi ici... quelle surprise !

ANTOINETTE.

J'étais bien sûre de faire une entrée à sensation !

GENEVIÈVE.

Dame... tu ne devais pas venir, et tu tombes ici, à des heures indues, sans crier gare !

ANTOINETTE.

Je me suis ravisée. Ne pas t'embrasser le jour de ton anniversaire... c'était au-dessus de mes forces.

GENEVIÈVE.

Comme tu es mignonne !

ANTOINETTE.

M. Rigaud est à Angers. J'étais seule dans mes bocages. — Ma foi, me suis-je dit : si je suis grondée, je le verrai bien ! Mais, au moins, j'aurai embrassé Geneviève. Et, me passant de la permission de mon seigneur et maître, j'ai pris le train et me voici, jusqu'à demain.

GENEVIÈVE.

Jusqu'à demain seulement ?

ANTOINETTE.

Oh! oui... je ne peux pas faire plus longtemps l'é-
cole buissonnière. M. Rigaud doit rentrer d'un jour à
l'autre, et s'il ne me trouvait pas au logis... Mais où
est donc Ollivier?

GENEVIÈVE.

Je l'ai fait avertir... (Apercevant Olivier.) Ah!

SCÈNE IX

Les Mêmes, OLLIVIER.

OLLIVIER.

Comment, c'est toi, ma chérie! Toi que l'on n'attendait plus!

Il l'embrasse.

GENEVIÈVE.

Antoinette est venue pour fêter mon anniversaire
capitaine. C'est moi qui vous vaux cette surprise!

OLLIVIER.

Ah! voilà un jour deux fois heureux!

GENEVIÈVE.

Mais je vous laisse... vous devez avoir une foule de
choses à vous dire. Je vais faire préparer ton appartement, et je reviens.

Elle sort.

SCÈNE X

ANTOINETTE, OLLIVIER.

OLLIVIER, prenant Antoinette par la main et la faisant
tourner.

Voyons... voyons, comment se comporte cette petite personne? Frais visage... doux sourire...

ANTOINETTE, l'interrompant.

Et vous, capitaine, avancez à l'inspection! Oh! je
suis moins contente, moi. Visage assombri, sourire
attristé... un pouls qui bat plus que de raison... c'est
le cœur qui est malade.

OLLIVIER.

Le cœur? quelle idée!

ANTOINETTE.

Oui! oui! Il y a des désordres dans ces régions-là,
et j'ai bien fait d'accourir, car si je suis venue un peu
pour Geneviève, je suis venue aussi beaucoup pour toi.

OLLIVIER.

Comment cela, mon petit docteur?

ANTOINETTE.

Crois-tu que je ne t'aie pas compris? Ces lettres dé-
solées, le découragement qui se trahissait à chaque
ligne... Ces réticences, ces sous-entendus?... c'était
clair pour moi. Tu as en tête quelque amour malheureux!

OLLIVIER, souriant.

Voilà un diagnostic!...

ANTOINETTE.

Oh ! je te connais, beau ténébreux ! et comme je suis au courant de tes relations, de ta façon de vivre ; comme, depuis que tu es officier d'ordonnance du général de Préfond, tu ne le quittes pas, et que tu ne vois personne, il ne fallait pas aller chercher bien loin l'objet de ta passion... Alors c'est tout à fait sérieux, tu aimes Geneviève ?

OLLIVIER.

Si je l'aime !...

ANTOINETTE.

Oh ! tu ne fais pas les choses à moitié, toi !

OLLIVIER.

Ce n'est pas ma faute, va...

ANTOINETTE, riant.

Non. C'est la sienne !

OLLIVIER,

J'ai lutté longtemps contre cet amour...

ANTOINETTE.

Pourquoi ?

OLLIVIER.

Je me demandais si mes visées n'étaient pas trop hautes, et si je ne courais pas à une déception ! Mais que veux-tu ? Cette adorable jeune fille... je la vois tous les jours... je la rencontre à chaque instant sur mon chemin. C'est le charme, le sourire, le rayonnement de cette maison... Le moyen de résister...

ANTOINETTE.

Oui, Geneviève est une ravissante jeune fille... la vraie jeune fille... et bien digne de ton choix... Mais soupçonne-t-elle ?

OLLIVIER.

Je ne sais... je ne crois pas !

ANTOINETTE.

Oh ! je serais bien surprise...

OLLIVIER.

J'ai tout fait pour ne pas me trahir... Ma situation auprès du général m'obligeait à la plus grande réserve... admis dans son intimité de chaque jour, traité sur le pied de la plus franche cordialité, sans que l'ombre d'une arrière-pensée de sa part ait jamais mis en doute la droiture de mes intentions ; j'aurais manqué aux plus simples lois de la délicatesse, si j'avais seulement laissé entrevoir à mademoiselle de Préfond les sentiments qu'elle m'a inspirés.

ANTOINETTE.

Sans doute ces scrupules sont fort honorables, mais si tu restes éternellement en muette contemplation devant ta jolie petite madone, tes affaires n'avanceront pas. Pourquoi n'as-tu pas fait d'ouvertures au général ?

OLLIVIER.

La crainte d'un refus. Tant que je reste dans l'inconnu, je puis me faire illusion... Je suis presque heureux. Si j'éprouvais un échec, je serais le plus malheureux des hommes.

ANTOINETTE.

Un échec ? Quelle raison ?

OLLIVIER.

Mademoiselle de Préfond est riche... je ne le suis pas.

ANTOINETTE.

Tu as devant toi un brillant avenir...

OLLIVIER.

Ce ne sont que des espérances...

ANTOINETTE.

Des espérances, qui s'appuient sur des états de services comme les tiens ?... sur des antécédents, faits d'honneur et de patriotisme ?

OLLIVIER.

J'admets que le général laisse de côté la question de
fortune. C'est un esprit éclairé, libéral... c'est possible!
Mais, il y a mademoiselle Geneviève? Et rien ne me
dit que j'aie des chances de lui plaire!

ANTOINETTE.

Où aurait-elle mis ses yeux, si tu ne lui plaisais pas!

OLLIVIER.

Folle!...

ANTOINETTE.

Qu'aurait-elle fait de son cœur... si elle n'avait pas
deviné le tien? Crois-moi, l'obstacle ne viendra pas
de Geneviève. Je me rappelle qu'au couvent, elle avait
déjà un faible pour toi... Laisse-moi la confesser, et
nous aviserons ensuite.

GENEVIÈVE, entrant.

Ton appartement est prêt. Mais il faut avertir mon
père...

OLLIVIER.

Ne vous dérangez pas, mademoiselle. Je le prévien-
drai.

Il sort.

SCÈNE XI

ANTOINETTE, GENEVIÈVE.

GENEVIÈVE.

Ah! ma petite Toinette, que je suis contente de t'a-
voir près de moi... Je commençais à m'ennuyer de
ton silence, et si tu avais tardé à venir, je serais allée

te relancer... Voyons, dis-moi, comment te gouvernes-
tu ? que fais-tu ?... Te plais-tu à Briolay ?

ANTOINETTE.

C'est un trou que Briolay. La vie n'y est pas bien
gaie... mais je sais m'occuper... J'ai des fleurs, des
oiseaux, des livres, je fais un peu de musique, un peu
de peinture, et avec cela, quand on n'est pas dépour-
vue d'imagination... le temps passe.

GENEVIÈVE.

Et ton mari ?

ANTOINETTE.

Mon mari... est toujours mon mari !

GENEVIÈVE.

Tu ne m'en parles jamais dans tes lettres ?

ANTOINETTE.

C'est que je n'ai pas grand' chose à t'en dire. Il est
dans ses ardoises jusqu'au cou... je le vois peu.

GENEVIÈVE.

Il te rend heureuse, pourtant ?

ANTOINETTE.

Oui.

GENEVIÈVE.

Il t'aime ?

ANTOINETTE.

A sa façon.

GENEVIÈVE.

Qui n'est pas trop la tienne, à ce que je vois ?

ANTOINETTE.

Ce n'est pas un méchant homme ! Mais nous n'avons
ni les mêmes idées, ni les mêmes goûts. Moi, tu sais...
j'ai toujours été un peu rêveuse ! Le bleu m'attire !
M. Rigaud, lui, est un esprit positif, pratique, sans

le moindre envolement dans les régions éthérées, et d'une humeur pas toujours facile... Des coups de boutoir !... Ah ! ma petite Geneviève, quand je t'ai quittée, le jour de mon mariage, et que je suis partie pour Briolay, en tête-à-tête avec M. Rigaud... Quel voyage de noces ! Et lorsque je suis arrivée le soir, en plein hiver, dans ce pays, mal habité, mal éclairé, et que je suis entrée dans cette maison, tout enfumée et toute noire... J'avais le cœur bien gros, va !...

GENEVIÈVE.

Mais, pourquoi as-tu épousé M. Rigaud ? Personne ne t'y contraignait.

ANTOINETTE.

Je sentais que j'étais une charge pour mon frère... J'avais peur de compliquer sa vie... d'être un obstacle à sa carrière, une gêne, au moins... Et puis, j'avais été touchée du désintéressement de cet homme qui m'épousait sans fortune... mais, c'est égal, si j'avais pu prévoir...

GENEVIÈVE.

Tu ne te serais pas mariée si vite?

ANTOINETTE.

J'aurais attendu... Qui sait?... Ne peut-il arriver que plus tard, alors qu'on est désenchantée, et déjà résignée pourtant, on rencontre sur son chemin l'homme si longtemps rêvé... l'idéal entrevu !

GENEVIÈVE.

Est-ce que...?

ANTOINETTE.

Non, non... Mais, crois-moi, Geneviève, n'épouse jamais que celui que ton cœur aura choisi... Le meilleur des maris est toujours celui qu'on aime!...

GENEVIÈVE, souriant.

Ah! je suis bien disposée à suivre ton conseil.

2

ANTOINETTE.

Tout ceci bien entre nous, n'est-ce pas? Je ne voudrais pas qu'Ollivier pût se douter... Le pauvre garçon a déjà assez de ses chagrins personnels ..

GENEVIÈVE.

Ses chagrins?

ANTOINETTE.

Oui, depuis quelque temps... il est triste... préoccupé, malheureux même. Tu n'as pas remarqué, toi, qui vis à ses côtés?

GENEVIÈVE.

Non.

ANTOINETTE.

Oh! il ne laisse rien voir... Mais moi, je le connais si bien... Dans ses lettres, je lis entre les lignes... et j'y ai découvert un secret...

GENEVIÈVE.

Ah!

ANTOINETTE.

Ollivier est amoureux!

GENEVIÈVE.

Ah!

ANTOINETTE.

Amoureux fou!

GENEVIÈVE.

Ah!... Et... de qui?

ANTOINETTE.

Je ne sais... il ne m'a pas dit...

GENEVIÈVE.

Une femme du monde, peut-être?

ANTOINETTE.

Non. Je suppose qu'il s'agit d'une jeune fille...

GENEVIÈVE.

Une jeune fille?

ANTOINETTE.

Charmante... distinguée, de bonne maison.

GENEVIÈVE.

Et c'est cela qui le rend triste?

ANTOINETTE.

Il craint qu'on ne l'aime pas.

GENEVIÈVE.

Que ne cherche-t-il à s'en assurer?

ANTOINETTE.

Il ne s'en croit pas le droit, sans doute. Ollivier est l'homme le plus délicat du monde; mais, moi qui n'ai aucune raison d'avoir les mêmes scrupules, j'ai résolu d'aller trouver la jeune fille qu'il aime...

GENEVIÈVE.

Tu la connais ?

ANTOINETTE.

Mon amie la plus tendre; une amie d'enfance. Nous n'avons jamais eu de secrets l'une pour l'autre... et je lui dirai : « Nous sommes seules... personne ne nous écoute... nous pouvons parler à cœur ouvert.. Réponds-moi en toute sincérité! Ollivier te plaît-il? et s'il demandait ta main, aurait-il quelque chance de l'obtenir? »

GENEVIÈVE.

Tu vas embarrasser singulièrement cette jeune fille ?

ANTOINETTE.

Non... c'est un cœur vaillant, exempt de dissimulation, de détours. Elle sait à quels sentiments j'obéis, et elle n'hésitera pas à me répondre... Le crois-tu?

GENEVIÈVE.

Je crois qu'elle te répondra : « Si mon père consent
à ce mariage, je n'irai pas contre sa volonté. »

ANTOINETTE, l'embrassant.

Ah ! ma petite Geneviève... que je suis heureuse !...
Je n'osais pas... Je craignais... Alors, Ollivier...?

GENEVIÈVE.

C'est toi qui m'as appris à l'aimer !...

SCÈNE XII

Les Mêmes, LE GÉNÉRAL.

LE GÉNÉRAL.

C'est ainsi, madame, que vous surprenez votre
monde ?

ANTOINETTE.

Vous voyez, général, fraîchement débarquée !

LE GÉNÉRAL.

Toute seule ?

ANTOINETTE.

Toute seule !

LE GÉNÉRAL.

Et Rigaud ?

ANTOINETTE.

Encore à Angers ! Je lui ai laissé un mot pour le cas
où il serait de retour plus tôt qu'il ne croit. D'ailleurs,
je ne suis ici qu'en oiseau de passage. J'ai voulu seulement embrasser Geneviève, mon frère... et causer
quelques instants avec vous, général...

LE GÉNÉRAL.

Avec moi !

ANTOINETTE.

Avec vous... seul... général.

LE GÉNÉRAL.

Un tête-à-tête... Il y a longtemps que je n'avais eu pareille aubaine !...

GENEVIÈVE.

Alors, tu me renvoies ? Eh bien, je ne t'en veux pas !... au contraire... Et toi, mon petit père... si par hasard, Antoinette avait quelque chose à te demander... sois bon, sois gentil... Accorde-lui ce qu'elle désire... et tu me rendras bien heureuse.

Elle sort.

SCÈNE XIII

LE GÉNÉRAL, ANTOINETTE.

LE GÉNÉRAL.

Qu'a donc cette petite folle ?... Elle est tout émue... Voyons, madame Rigaud... cette demande ?

ANTOINETTE.

Ah ! voilà, général... Ce n'est pas commode ! Ouvrir le feu tout de suite, quand on n'est pas très aguerrie !

LE GÉNÉRAL.

C'est donc un siège en règle ?

ANTOINETTE.

A peu près... Et quand il s'agit de faire capituler un grand capitaine...

2.

LE GÉNÉRAL.

Allons... tentez l'assaut.... du courage!...

ANTOINETTE.

Général, que pensez-vous d'Ollivier?

LE GÉNÉRAL.

Mais beaucoup de bien ! Ollivier est un brave soldat,
un excellent officier, estimé de ses chefs, aimé de ses
camarades.

ANTOINETTE.

Ah!

LE GÉNÉRAL.

Il a eu, m'a-t-on dit, au début de sa carrière, après
votre mariage... une jeunesse un peu... mouvementée,
mais ça n'a été qu'un feu de paille. Depuis qu'il est
sous mes ordres, il est rangé comme une demoiselle.

ANTOINETTE.

Alors, vous n'avez aucun reproche à lui faire?

LE GÉNÉRAL.

Je n'ai que des éloges à lui adresser.

ANTOINETTE.

Vous n'imaginez pas, général, combien, dans votre
bouche, ces éloges ont de prix pour moi!

LE GÉNÉRAL.

Je sais la tendresse exceptionnelle que vous avez
l'un pour l'autre.

ANTOINETTE.

Je dois tout à Ollivier, et je serais si heureuse de
pouvoir acquitter, en partie du moins, cette dette de
mon cœur. Mais, hélas ! général, cela dépend plus de
vous que de moi.

LE GÉNÉRAL.

De moi? Je ne vous comprends pas.

ANTOINETTE.

Mon frère aime Geneviève, et je viens vous demander sa main.

LE GÉNÉRAL, stupéfait.

Vous venez...?

ANTOINETTE.

C'est une ambition un peu téméraire, mais la bonne opinion que vous avez d'Ollivier m'a encouragée.

LE GÉNÉRAL, se levant.

Je ne retire rien de ce que j'ai avancé, madame ; mais j'ai le regret de vous dire que ce mariage est impossible...

ANTOINETTE, se levant.

Impossible! Pourquoi? Sa situation modeste... son peu de fortune ?

LE GÉNÉRAL.

Non, madame, non. Je ne suis pas homme à faire du mariage de ma fille, une question d'argent. Mais il y a des raisons autrement impérieuses, des engagements pris envers moi-même... J'ai fait un serment...

ANTOINETTE.

Un serment?

LE GÉNÉRAL.

Je l'ai fait dans les circonstances les plus douloureuses... Vous venez, sans le vouloir, de réveiller de bien tristes souvenirs. Mais je vous dois toute la vérité, pour que vous ne donniez pas à mon refus, une signification qu'il ne saurait avoir... Madame de Préfond, ma femme, est morte, parce qu'elle avait épousé un soldat. Elle n'était pas née pour se dépenser dans cette existence incertaine, nomade, aventureuse, et, bien qu'elle ne se plaignît jamais, sa santé n'en était pas moins profondément atteinte. En 1870, je fus obligé de la quitter, pour me mettre à la tête de mon régiment... j'étais colonel à cette époque. Cette séparation la toucha vivement... Elle resta enfermée dans Paris, attristée, malade, avec toutes les angoisses que l'absence de nouvelles ne faisait qu'irriter. A la bataille de Patay, on répandit le bruit de ma mort. Elle en fut informée, ce fut le dernier coup: elle ne s'en releva pas, et lorsque je revins dans mes foyers, j'arrivai juste à temps pour recevoir son dernier soupir, et recueillir le dernier vœu qu'elle ait formé. « Promettez-moi, me dit-elle, que ma fille ne sera jamais la femme d'un soldat... » et j'ai promis.

Le général s'arrête un instant, très ému.

ANTOINETTE.

Oh ! général... combien je suis désolée... J'ai ravivé des souvenirs... J'ai rouvert une blessure...

LE GÉNÉRAL.

Il y a des blessures qui ne sont jamais fermées ! Vous comprenez pourquoi je me vois aujourd'hui dans l'impossibilité d'accorder à votre frère la main de Geneviève.

ANTOINETTE.

Oui, général, je comprends et je n'insiste pas... J'en suis bien peinée, bien affectée, mais moi, ce n'est rien encore, ce sont ces deux cœurs, qu'il va falloir préparer à cette cruelle déception !

LE GÉNÉRAL.

Ces deux cœurs? Ah ! oui, Geneviève aussi... Ils s'aiment!

ANTOINETTE, *soupirant.*

Ils s'adorent! et c'est moi qui vais!... Au moins, général, autorisez-moi à apprendre à Ollivier le motif de votre refus. Le sentiment qui l'a dicté calmera peut-être cet esprit, que la douleur pourrait porter aux plus funestes entraînements !

LE GÉNÉRAL.

Faites pour le mieux, mon enfant. Dites-lui bien que je ne veux pas que ma fille puisse souffrir un jour les angoisses, les tortures qui ont tué sa mère.

SCÈNE XIV

LES MÊMES, JACQUES.

JACQUES.

Me voici, général, j'ai secoué la poussière du voyage et... (Il aperçoit Antoinette et, tressaillant.) Ah!

Il s'incline.

LE GÉNÉRAL, présentant madame Rigaud.

Madame Rigaud...

JACQUES, l'interrompant.

J'ai déjà eu l'honneur de me rencontrer avec madame, l'été dernier, en Bretagne...

LE GÉNÉRAL.

Alors, la présentation devient inutile.

Deux invités sortent du billard.

UN DES INVITÉS.

Filons à l'anglaise.

Le général apercevant les invités, va au devant d'eux.

LE GÉNÉRAL.

Vous partez, messieurs?

L'INVITÉ.

Oui, mon général, il se fait tard...

Ils saluent et sortent au fond.

LE GÉNÉRAL.

Bonsoir, messieurs... Vous permettez, madame?

Il sort à droite.

SCÈNE XV

JACQUES, ANTOINETTE.

Cette scène est dite à voix basse.

JACQUES.

Enfin!... Je vous retrouve!

ANTOINETTE.

Par pitié... prenez garde!

JACQUES.

Que vous est-il arrivé? Que se passe-t-il? Ce départ précipité...

ANTOINETTE.

Mon mari était venu me rejoindre... vous le savez... A-t-il pris ombrage de vos assiduités? Il m'a emmenée...

JACQUES.

Et vous êtes restée toute une année, sans me donner de vos nouvelles?

ANTOINETTE.

J'avais résolu de ne plus vous revoir. J'avais peur de vous, j'avais honte de moi ?...

JACQUES.

Alors, ce silence obstiné, que, vainement, je cherchais à comprendre, c'était un adieu?

ANTOINETTE.

Oui.

JACQUES.

Et vous avez cru que je me résignerais?...

ANTOINETTE.

Il le faut !...

JACQUES.

Ne plus vous voir... ne plus vous aimer... c'est là ce que vous vouliez ?

ANTOINETTE.

Ce que je veux encore aujourd'hui plus que jamais...

JACQUES.

A cette heure même où un hasard inespéré nous réunit ? Oh ! non... non... vous m'avez défendu de vous écrire, je vous ai obéi. Vous m'avez interdit de franchir le seuil de votre maison, j'ai obéi toujours ; mais vous m'imposez de vous oublier, de devenir un étranger pour vous... je ne peux pas !

ANTOINETTE.

Alors, vous avez résolu de me perdre ?

JACQUES.

Mais je vous aime, moi !

ANTOINETTE.

Qui vous dit que je ne vous aime pas ?

JACQUES.

Je n'aurai jamais le courage...

ANTOINETTE.

Ce courage... vous le trouverez... Et je vous demanderai plus encore... vous avez des lettres de moi... qui peuvent troubler, non seulement mon repos... mais celui d'un autre... vous êtes un homme d'honneur... rendez-les moi !

JACQUES.

Oh ! cela, jamais ! Il ne me reste que cela de vous. Je le garde !

SCÉNE XVI

Les Mêmes, OLYMPE, BERNARDET, LE GÉNÉRAL,
Officiers.

LE GÉNÉRAL, à Bernardet.

Tous mes compliments, Bernardet, vainqueur sur
toute la ligne !

BERNARDET.

Oh! mon général... ce sont des victoires faciles que
celles-là.

OLYMPE, allant à Antoinette.

Que viens-je d'apprendre?... Tu arrives, quand je
pars?

ANTOINETTE, troublée.

Je te promets d'aller passer quelques jours avec
toi... à Briolay.

OLLIVIER, entrant à Jacques.

Ah! Jacques... venez... venez que je vous présente
à quelqu'un...

JACQUES.

A qui?

OLLIVIER, l'amenant à Antoinette.

Antoinette, monsieur Jacques Saunoy, un de mes
meilleurs amis. (A Saunoy.) Madame Rigaud, ma sœur.

JACQUES, stupéfait.

Votre?...

OLLIVIER.

Vous voyez cette mignonne créature, Jacques?...
C'est ce que j'aime le plus au monde. Pour lui épar-

gner un chagrin... une larme... je donnerais ma vie!

JACQUES, à part.

La sœur d'Ollivier!

BERNARDET, au général.

Mon général, nous sommes obligés de vous quitter... Il est l'heure de rentrer au quartier... (Se reprenant.) au logis... le train n'attend pas!...

LE GÉNÉRAL.

Oh! vous avez encore dix minutes devant vous.

OLYMPE, embrassant Antoinette.

A bientôt!

ANTOINETTE.

A bientôt.

Le général sort avec Bernardet et Olympe.

SCÈNE XVII

LES MÊMES, GENEVIÈVE, qui entre par une porte opposée.

GENEVIÈVE.

Antoinette, veux-tu que je te conduise dans tes appartements ?

ANTOINETTE.

Volontiers!

LE GÉNÉRAL, rentrant.

Eh bien, Saunoy, vous refusez notre hospitalité... C'est bien décidé?...

JACQUES.

Oui, mon général... Je vous ai dit...

3

LE GÉNÉRAL.

Alors, à demain pour le déjeuner, et le fameux portrait..

JACQUES.

A demain, mon général.

LE GÉNÉRAL.

Et vous aussi, Antoinette ?

ANTOINETTE.

Oh ! moi, général, je vous fais mes adieux... Je partirai demain par le premier train.

LE GÉNÉRAL.

Le train de sept heures ?

GENEVIÈVE, qui allume une bougie.

Par exemple, si tu crois que nous te laisserons partir...

ANTOINETTE.

Il le faut... Je suis attendue à Briolay...

LE GÉNÉRAL.

Alors, nous serons tous sur pied, pour vous mettre en wagon.

ANTOINETTE.

Vous déranger ainsi... Je ne le souffrirai pas !

JACQUES, à part.

Elle part et je ne la reverrai plus !
                        Il tend la main au général.

LE GÉNÉRAL.

Bonne nuit, Saunoy.

JACQUES.

Bonsoir, mon général.

ANTOINETTE, bas à Saunoy.

Et mes lettres ?

JACQUES, bas à Antoinette.

Vous les aurez, madame !

GENEVIÈVE.

Viens-tu, Toinette ? Toinette ?

RIDEAU.

ACTE DEUXIÈME

Un pavillon style renaissance. — Balcon au fond. —
Portes latérales.

SCÈNE PREMIÈRE

GENEVIÈVE, ANTOINETTE, OLLIVIER.

GENEVIÈVE, entre, un bougeoir à la main.

Te voilà dans tes domaines !

OLLIVIER.

Le pavillon d'Antoinette !

ANTOINETTE, regardant.

Cela a tout à fait bon air !

GENEVIÈVE.

Ce petit salon donne sur le parc...

OLLIVIER.

Et de ce balcon, une vue charmante... avec des
échappées de lumière, dans des touffes d'arbres... un
vrai décor ! Vois donc, Antoinette.

ANTOINETTE, rêveuse.

Oui. C'est d'un très joli effet.

OLLIVIER, riant,

Tu ne regardes pas.

ANTOINETTE.

Si ! Si ! Ravissant.

GENEVIÈVE.

Lorsque tu seras moins sur la branche, et que tu viendras passer quelque temps avec nous, tu pourras te reposer ici dans le jour, y recevoir tes amis, lire, broder ou rêver, comme les belles châtelaines des siècles passés !

OLLIVIER,

C'est vrai. Ce pavillon invite au recueillement, à la rêverie.

GENEVIÈVE.

Que de fois, à des heures où l'on cherche la solitude, me suis-je accoudée à cette fenêtre, bâtissant des châteaux en Espagne... que les nuages emportaient avec eux !

ANTOINETTE, soupirant.

C'est un peu le sort des châteaux en Espagne.

GENEVIÈVE.

Voici ta chambre... ton cabinet de toilette... De ce côté, la chambre de ton mari, quand il t'accompagnera... Tu es ici tout à fait chez toi... pas d'autre voisinage que le mien. Nos balcons se touchent. — Le soir, quand on sonne le couvre-feu, on ferme ce grand corridor que nous venons de traverser, et nous sommes sous les verrous, jusqu'au lendemain matin.

ANTOINETTE,

Alors, aucune issue ?

GENEVIÈVE.

Aucune !

ANTOINETTE.

Que cette fenêtre ?

GENEVIÈVE.

Par laquelle tu pourrais t'envoler si tu avais des ailes. Tu vois que tu es bien gardée... mais tu sembles préoccupée ?

OLLIVIER.

En effet... Qu'as-tu donc ?

ANTOINETTE.

Moi, rien...

GENEVIÈVE.

Voyons si ton appartement est en état de te recevoir et si l'on n'a rien oublié !

Elle sort par une porte latérale.

OLLIVIER, bas à Antoinette.

Eh bien ! dans quelles dispositions as-tu trouvé mademoiselle de Préfond ?

ANTOINETTE.

Excellentes ! Mais...

OLLIVIER.

Mais, quoi ?

ANTOINETTE.

Ce n'est pas tout, Geneviève. — Il y a le général....

OLLIVIER, inquiet.

Sans doute, mais si mademoiselle Geneviève est déjà gagnée à ma cause.

GENEVIÈVE, rentrant.

Tout est à sa place ! (Regardant autour d'elle.) Ah ! ces fleurs... Elles te donneraient la migraine. Où les mettre ? Dans la chambre de ton mari.

OLLIVIER.

Excellente idée. Rigaud est une forte tête ! (Prenant les

fleurs des mains de Geneviève.) Vous permettez, mademoiselle ?

Il entre dans une pièce voisine.

GENEVIÈVE, bas à Antoinette.

Tu as parlé à mon père ?

ANTOINETTE.

Ah ! ma petite Geneviève... je suis navrée... Il refuse !

GENEVIÈVE.

Est-ce possible ! Mais pourquoi ?

ANTOINETTE.

Je te le dirai !

OLLIVIER, rentrant.

Ce Rigaud est logé comme un prince. (Regardant Geneviève.) Ah ! mon Dieu, mademoiselle... Qu'avez-vous donc ? Comme vous êtes pâle !

GENEVIÈVE, émue.

Moi ! un peu de fatigue, sans doute...

ANTOINETTE.

Geneviève n'est pas habituée à veiller si tard... Rentre chez toi, ma mignonne, tu as rempli tous tes devoirs de maîtresse de maison... J'ai tout ce qu'il me faut... va...

GENEVIÈVE.

Oui... oui... je vais... Bonsoir, capitaine. (Ollivier s'incline. — A Antoinette qui la reconduit.) Ainsi, plus d'espoir ?

ANTOINETTE.

Aucun !

Elle embrasse Geneviève qui sort très émue.

SCÈNE II

OLLIVIER, ANTOINETTE.

*Ollivier a suivi tous les mouvements des deux jeunes femmes
pendant la scène précédente.*

OLLIVIER, à Antoinette.

Le général refuse, n'est-ce pas !

ANTOINETTE.

Oui...

OLLIVIER.

Pourquoi ?

ANTOINETTE.

Rien qui puisse te blesser... le souvenir de sa femme!
Un serment qu'il a fait de ne jamais donner sa fille à
un soldat...

OLLIVIER, accablé.

Il refuse !

ANTOINETTE.

Et il refuse, à moi !

OLLIVIER.

Ah! ma pauvre Antoinette! Nous avons eu d'é-
tranges illusions.

ANTOINETTE.

Ollivier, du courage... un homme tel que toi !

OLLIVIER.

Mais tu ne comprends donc pas, que, pour moi, cette
jeune fille était tout! Je ne pensais qu'à elle... Je ne
vivais que pour elle ! C'était le but de ma vie ! Mes

rêves d'avenir, d'ambition, de gloire, c'était pour la mériter... pour lui offrir un nom dont elle fût fière... Maintenant, que me reste-t-il?... Rien !

ANTOINETTE.

Et moi, ingrat?

OLLIVIER.

Oui... toi ! ma chérie ... pardonne-moi...

ANTOINETTE,

Pourquoi désespérer... le cœur d'un père a des tendresses infinies...

OLLIVIER.

Oh ! s'il a résisté à tes prières... si tu ne l'as pas fléchi, s'il ne s'est pas arrêté à cette pensée qu'il pouvait faire le malheur de sa fille, c'est fini... bien fini... va... Et puis, ma situation dans cette maison est-elle possible?... Un embarras pour le général... un supplice pour moi!... Je rencontrerais à chaque instant cette jeune fille que j'adore, et avec laquelle l'honneur m'interdit d'échanger un regard... Cela ne se peut pas !... Je continuerai mon service, quelque temps encore, et sur un prétexte que le hasard me fournira... je prierai le général de me rendre ma liberté... je partirai !...

ANTOINETTE.

Ollivier !... mon frère !

OLLIVIER.

Pas de bruit... pas de larmes... Embrasse-moi... A demain !

Il embrasse Antoinette et sort affolé.

SCÈNE III

ANTOINETTE, seule.

Pauvre cher Ollivier ! sa douleur me navre !... Un
cœur meurtri... une carrière brisée... et je ne peux rien
pour lui... rien !... Ces émotions m'ont bouleversée !
(Après un silence.) J'étouffe ! (Elle ouvre la croisée.) Il fait
doux et tiède ce soir !... Pas un nuage au ciel... pas un
souffle dans l'air... On a peine à croire que des mal-
heurs puissent arriver, par ces belles nuits d'été... si
calmes et si sereines !... Tiens, qu'y a-t-il donc au
fond du parc?... Une ombre !... Mais cette ombre, c'est
un homme... On dirait qu'il se cache... Il regarde autour de lui... Il vient de ce côté... C'est lui... C'est Jacques!... Mais c'est de la folie ! Ah ! je l'empêcherai bien
d'entrer !

Elle court à la porte pour fermer le verrou. — Jacques entre
par le balcon. — Antoinette l'aperçoit en se retournant.

SCÈNE IV

ANTOINETTE, JACQUES.

ANTOINETTE.

Vous ! à pareille heure ! Vous me perdez !...

JACQUES.

Rassurez-vous, personne ne m'a vu; tout le monde
repose dans le château. (Tirant les lettres de sa poche.)
Voici vos lettres.

ANTOINETTE, les prenant.

Ah !

JACQUES.

Je ne pouvais les rendre qu'à vous... Vous partez ce matin... et je n'ai pas voulu qu'il y eût une ombre dans votre esprit, un doute sur mon honneur...

Il lui donne les lettres.

ANTOINETTE, les posant sur le guéridon, à gauche.

Merci !

JACQUES.

Maintenant, je vous laisse... je n'ai plus le droit d'être là où vous êtes. Vous êtes la sœur de celui qui m'a sauvé la vie !... Je n'acquitterai pas cette dette par une indigne trahison... Je n'oserais plus regarder votre frère en face... lui tendre la main... Je vous aime plus que jamais et je pars...

ANTOINETTE, émue.

C'est bien ! Adieu !

JACQUES.

Vous voyez... il ne me reste plus rien de vous.

Antoinette détache un médaillon de son bracelet.

ANTOINETTE.

C'est vous qui avez peint cette miniature... vous vous le rappelez...

JACQUES.

Si je me rappelle !...

ANTOINETTE.

Prenez-la, elle vous parlera de moi... elle vous dira que, dans mon existence voilée, assombrie, vous avez été mon premier rayon de soleil... Gardez ce médaillon en souvenir de moi, comme la dernière relique d'un amour...

JACQUES, prenant le médaillon.

Qui eût été éternel...

ANTOINETTE, très émue.

Un tel bonheur n'était pas possible... mais je vous en supplie, mon ami, partez.

JACQUES, très troublé.

Oui... oui... adieu ! adieu !

Jacques s'apprête à sortir en s'inclinant respectueusement devant Antoinette. — On entend la cloche du château.

ANTOINETTE, prêtant l'oreille.

Qui peut sonner à cette heure ?

JACQUES.

J'entends des voix... un bruit de pas... (Il court à la fenêtre.) Une voiture entre dans le parc...

ANTOINETTE.

Prenez garde, on peut vous voir ! (Jacques se retire de la fenêtre. Antoinette prête l'oreille.) Les voix se rapprochent. On ouvre la porte du corridor ! On vient ! Ah ! mon Dieu ! C'est ici !

LE GÉNÉRAL, frappant à la porte.

Madame Rigaud ?

JACQUES.

Le général !

ANTOINETTE.

Ciel !

LE GÉNÉRAL, frappant de nouveau.

Madame Rigaud ! (A la cantonade.) Elle dort, sans doute.

JACQUES, à Antoinette.

Il vaut mieux répondre !

ANTOINETTE.

C'est vous, général ?

LE GÉNÉRAL.

Oui, madame. Etes-vous visible ?

ANTOINETTE.

Oh! non, général, pas maintenant.

LE GÉNÉRAL.

C'est votre mari qui vient d'arriver.

ANTOINETTE.

Mon mari !

JACQUES, à part.

M. Rigaud !

RIGAUD, au dehors.

Oui, oui, Toinon, c'est moi.

ANTOINETTE.

Un instant, je vous prie. (A Jacques.) Que faire ?

JACQUES, courant à la fenêtre.

Cette fenêtre... Impossible ! la voiture de M. Rigaud est sous le balcon.

Il va pour sortir à gauche.

ANTOINETTE, regardant autour d'elle.

Non, par ici.

Elle pousse Jacques dans le cabinet de toilette. Antoinette
défait à la hâte ses bijoux, se décoiffe légèrement et va
ouvrir.

SCÈNE V

ANTOINETTE, LE GÉNÉRAL, RIGAUD.

RIGAUD, embrassant Antoinette.

Tu nous as fait furieusement attendre, Toinon ?

ANTOINETTE.

Je vous demande pardon, général, je commençais à me déshabiller.

LE GÉNÉRAL.

Comment donc, madame, vous n'avez pas à vous excuser... Il n'y a qu'un mari qui puisse se permettre d'entrer chez sa femme, à pareille heure... comme un boulet de canon.

RIGAUD.

Tu ne m'attendais pas, hein ?

ANTOINETTE.

Non, non, je ne pensais pas...

LE GÉNÉRAL.

Elle vous attendait si peu qu'elle voulait retourner à Briolay, demain matin.

RIGAUD.

L'affaire s'est terminée plus tôt que je ne croyais. En rentrant au logis, j'ai trouvé ton billet. Tiens, me suis-je dit, si j'allais surprendre Toinon? Ça me sera compté, bien sûr. J'ai pris le rapide pour Tours ; à Tours, j'ai fait atteler une voiture... Et me voici !

ANTOINETTE.

Vous auriez pu ne vous mettre en route que demain, on ne réveille pas ainsi toute une maison !

RIGAUD.

Oh ! des amis... Chez des amis, on est toujours bien reçu.

LE GÉNÉRAL.

Rigaud a raison... il aurait eu tort de se gêner... Mais le voyage a dû vous mettre en appétit ? Avez-vous soupé seulement ?

RIGAUD.

Ma foi non, général. Je prendrais bien quelque chose.

Le général sonne.

ANTOINETTE.

Comment ?

RIGAUD.

Pour embrasser plus vite ma petite Toinon, j'ai mangé un morceau sur le pouce, avant de partir... Et, le grand air, ça creuse. Aussi, sans plus de façon, j'accepte.

LE GÉNÉRAL.

A la bonne heure...

ANTOINETTE.

Oh ! général ! monsieur Rigaud n'y songe pas...

LE GÉNÉRAL.

On va vous servir ici. (Pierre entre.) Prends les ordres de M. Rigaud.

RIGAUD.

Oh ! un rien. — Ce qui se trouvera à l'office... une cuisse de volaille, une bouteille de Bordeaux.

LE GÉNÉRAL.

Tu entends ?

PIERRE.

Oui, mon général.

Il sort.

ANTOINETTE.

Vous êtes d'une indiscrétion...

LE GÉNÉRAL.

Mais non, mais non. Je lui sais gré, au contraire, d'agir sans cérémonie... Vous n'auriez pas la cruauté de le condamner à se coucher sans souper. Le jeûne et lui, ne doivent pas faire bon ménage ?

RIGAUD.

Oh ! non. Il y a incompatibilité d'humeur, mon géral.

LE GÉNÉRAL.

Et maintenant, mes chers amis, je vous laisse. (A

Antoinette.) Bonsoir, Antoinette. Vous pouvez faire la grasse matinée, puisque vous ne partez plus. Et vous, Rigaud, bon appétit !

RIGAUD.

Vous serez obéi, général. Esclave de la consigne !

Le général sort après avoir serré la main à Rigaud.

SCÈNE VI

ANTOINETTE, RIGAUD, puis PIERRE.

Antoinette regarde du côté du cabinet de toilette avec anxiété.

RIGAUD, se débarrassant.

Eh bien, tu me croiras si tu veux, Toinon, je ne suis pas fâché de me retrouver en ta compagnie. Quinze jours de réclusion, dans le compartiment des jurés, pour un homme qui a l'habitude de vivre au grand air, c'est chaud... Et toi, ma poulette, comment as-tu passé ton temps ?

ANTOINETTE, distraite.

Comme d'habitude.

RIGAUD.

Toujours un peu dans la lune, hein ?... Tes jolies petites girouettes ?... Et comme c'était aujourd'hui la fête de mademoiselle Geneviève, tu as voulu lui apporter ton bouquet ?

ANTOINETTE.

Oui, oui, c'est cela !

RIGAUD.

Avoue que j'ai eu une fière idée de venir te rejoindre

ici... toi, qui me reproches quelquefois de n'être pas galant. Je me rattrape, hein ?

Il va pour l'embrasser.

ANTOINETTE, reculant.

Prenez garde !

Pierre est entré et prépare la table.

RIGAUD.

Ah ! bast ! Ces gens-là ont des yeux pour ne pas voir. C'est une corvée que d'être du jury !... Cependant, cette fois, j'ai été assez bien partagé : un mari qui tue sa femme à coups de revolver... ça a un certain montant !

Mouvement d'Antoinette.

PIERRE, à Rigaud.

Monsieur est servi.

RIGAUD.

Bien !... je n'ai plus besoin de vous, vous pouvez vous retirer... Cela a bonne mine;... ça ne te dit rien ?

ANTOINETTE.

Oh ! non !

RIGAUD, mangeant.

Tu manquais à ce spectacle de la cour d'assises... Je suis sûr que toute la ville d'Angers était là... Naturellement, les femmes aux premières loges, en toilette de gala... il y avait deux camps : Les uns pour le mari, les autres pour la femme... Moi, j'étais pour le mari.

ANTOINETTE.

Ah !

RIGAUD.

Oui... un brave homme... un naïf... tombé aux mains d'une coquine .. une délicieuse coquine, paraît-il. Elle le trompait avec son professeur de piano... un concours d'harmonie !

Il rit et boit.

ANTOINETTE.

Avez-vous le courage de plaisanter!

RIGAUD.

Mais, ce qu'il y a de plus curieux, c'est que c'est toujours aux mêmes pièges que se laissent prendre ces oiseaux-là ! Le mari était absent, il voyageait pour ses affaires, à seule fin d'apporter un épi de plus à la gerbe... et pendant qu'il creusait son sillon, le pauvre homme ! les deux tourtereaux roucoulaient des chansons d'amour sous le toit conjugal ! Un soir, le mari arrive à l'improviste... il avait terminé ses affaires plus tôt qu'il ne croyait. Il s'était hâté pour faire une surprise à sa femme... tu vois d'ici la surprise ? Il monte l'escalier tout joyeux... Il frappe, on ne répond pas... Il appelle, on se tient coi : alors un soupçon l'affole... Il enfonce la porte d'un coup d'épaule, se précipite dans la chambre... trouve le professeur de piano en conversation criminelle avec son élève, et, s'emparant d'un revolver, comme celui-ci...

Rigaud a pris l'arme, qu'il a déposée en entrant sur la table.

ANTOINETTE, poussant un cri.

Ah!

RIGAUD.

Ne crains rien, Toinon, ça me connaît! Il le décharge à bout portant sur sa femme qu'il tue raide. Et le pianiste n'a que le temps de s'enfuir par la fenêtre. — Voilà le procès.

ANTOINETTE.

Ah! mon Dieu!

RIGAUD.

Il est corsé, hein? Le mari a été acquitté à l'unanimité.

Pierre entre et apporte le café.

ANTOINETTE.

Acquitté?

RIGAUD.

Parbleu! Nous étions douze maris, douze têtes sous le même bonnet! L'esprit de corps, tu comprends...

ANTOINETTE.

Acquitté? Malgré son crime?

RIGAUD.

Ce n'est pas un crime! C'est une vengeance... et une vengeance légitime.

ANTOINETTE.

Vous pouvez dire!..

RIGAUD.

Il s'est fait justice... Il était dans son droit! (Pierre sort.) Voilà un homme qui épouse une jeune fille sans un sou... il lui donne son nom... un nom honoré. Il sue sang et eau pour lui créer une vie douce, facile, exempte de soucis... Et pendant qu'il laboure son champ, cette péronnelle le trompe, avec je ne sais quel croque-note incompris. — Vrai, elle n'a eu que ce qu'elle méritait!

ANTOINETTE.

Vous êtes sévère!

RIGAUD.

Non. Si j'avais été son mari, j'aurais agi de même. Seulement, moi, je n'aurais pas manqué l'artiste! Je n'aime pas les artistes! — Ah! maintenant, je me sens mieux... Bonne cave que celle du général!

Rigaud s'installe dans un fauteuil, il tire un porte-cigares de sa poche.

ANTOINETTE.

Eh bien! que faites-vous donc?

RIGAUD, assis.

Tu vois... j'allume un cigare.

ANTOINETTE.

Vous allez fumer... ici?

RIGAUD.

Pourquoi pas... Ça te gêne?

ANTOINETTE.

Oui. — J'ai une horrible migraine... et je ne pourrais supporter...

RIGAUD.

En effet... Tu es d'une pâleur!

ANTOINETTE.

Ce sont vos histoires de cour d'assises.

RIGAUD.

Sensitive!... Allons, je fumerai plus tard. — Mais, au moins, jasons un peu .. Tu ne me dis rien?... Tu es à cent lieues de moi?

ANTOINETTE.

Mais...

RIGAUD.

Pour une femme qui n'a pas vu son mari depuis douze jours... Tu n'as pas l'air content de me revoir?

ANTOINETTE.

Oh!

RIGAUD.

Moi, je ne me suis jamais senti de si belle humeur... Je te trouve plus charmante que jamais... (Il l'embrasse.) Eh bien? Eh bien? qu'est-ce qui te prend? Tu te trouves mal?

ANTOINETTE, défaillant dans les bras de son mari.

Non. — Ce n'est rien !

RIGAUD.

Si fait. — Ton front est glacé, tes mains sont brûlantes... C'est donc sérieux, cette migraine?

ANTOINETTE.

Oui... Je ne me sens pas bien... Un éblouissement..

RIGAUD.

Veux-tu que j'appelle?...

ANTOINETTE.

Inutile! Du repos... voilà tout!

RIGAUD.

Alors, je te laisse... Je vais fumer mon cigare à la fenêtre de ma chambre... Où est-elle, ma chambre?

Il se dirige vers la porte du cabinet où est caché Jacques.

ANTOINETTE, vivement.

Non... De ce côté...

Elle lui indique la gauche.

RIGAUD.

Bonsoir, Toinon... Tâche de dormir!...

ANTOINETTE.

Soyez assez bon... pour fermer cette porte... l'odeur du cigare pourrait pénétrer ici...

RIGAUD.

C'est bon! c'est bon! Madame la mijaurée...

SCÈNE VII

ANTOINETTE seule, puis JACQUES, puis RIGAUD.

Antoinette reste un instant silencieuse, attend que son mari ait fermé la porte, puis elle va ouvrir à Jacques. — A peine Jacques est-il sorti par la porte de droite, que Rigaud entre.

RIGAUD, entrant.

J'ai oublié ma valise.

ANTOINETTE, appuyée contre la porte pousse un léger cri.

Ah!

RIGAUD.

Eh! bien, qu'est-ce que tu as? Je t'ai fait peur?

ANTOINETTE.

Non... mais... vous entrez...

RIGAUD, riant.

J'entre pour prendre ma valise que j'avais laissée sur ce meuble. — Décidément, nous avons les nerfs malades... il faut soigner ça, Toinon.

Il rentre dans sa chambre.

SCÈNE VIII

ANTOINETTE, seule, puis RIGAUD, dans sa chambre, puis en scène.

ANTOINETTE.

Une seconde plus tôt... il le trouvait ici!... Heureusement, il est loin déjà... plus rien à craindre!

Mais j'y songe!.. la porte de ce corridor doit être fermée!... (Elle va ouvrir la porte de droite.) On ne voit rien dans cette obscurité! (Elle appelle doucement.) Jacques! Jacques!... Il ne répond pas. (Antoinette prend une bougie. — Elle entre dans le corridor. — La scène reste un instant vide. — Puis elle revient affolée.) Rien! rien! il n'est plus dans ce couloir... et la porte est fermée!

RIGAUD, dans sa chambre.

Ah! par exemple, voilà qui est fort.

ANTOINETTE, troublée.

Quoi?

RIGAUD, entrant.

Sais-tu ce que je viens de voir, à l'instant? Un homme sauter par la fenêtre de la chambre voisine.

ANTOINETTE.

Vous dites que vous avez vu un homme s'élancer de la fenêtre voisine?

RIGAUD, au fond.

Parfaitement! De cette fenêtre-là...
Il s'avance sur le balcon et désigne une fenêtre au dehors.

ANTOINETTE, regardant.

De cette fenêtre-là?

RIGAUD.

De cette fenêtre-là... et je vais, tout de suite...

ANTOINETTE.

Où ça?

RIGAUD.

Donner l'alarme dans le château...

ANTOINETTE.

Y pensez-vous?... réveiller tout le monde au milieu de la nuit.

RIGAUD.

Mais si c'est un voleur.

ANTOINETTE.

Si c'est un voleur... Et qui vous dit que ce soit un...

RIGAUD.

Tiens! au fait, pas si bête, toi. Il n'y a pas que les voleurs qui escaladent les balcons... Il y a aussi les amoureux — quelque intrigue de femme de chambre? C'est égal, demain, j'en aviserai le général!

Il rentre chez lui.

ANTOINETTE, seule, se laissant tomber sur un siège.

C'est par la fenêtre de Geneviève qu'il s'est échappé!

ACTE TROISIÈME

Une serre. — Mobilier de jardin. — Arbustes. — Plantes. — Table chargée d'albums, de livres. — Paravent japonais.

SCÈNE PREMIÈRE

LE GÉNÉRAL, JACQUES.

Au lever du rideau, Jacques debout devant un chevalet fait le portrait du général qui est assis.

JACQUES.

Du calme, général, du calme. — Vous ne tenez pas en place.

LE GÉNÉRAL.

C'est que vous me faites faire des évolutions depuis ce matin ! — Général, un peu plus à droite ? — Général, un peu plus à gauche ? — Général, vous avez l'air trop sérieux. — Souriez, général ; ne souriez plus. — Alors les nerfs se mettent de la partie.

JACQUES.

Excusez-moi, général. C'est que je tiens à réussir votre portrait. C'est une page d'histoire, ce portrait-là ! J'y mets de l'amour-propre !

4

LE GÉNÉRAL, riant.

Et du temps ! sans reproche, voilà deux heures que je pose.

JACQUES.

C'est vrai. Je vous ai accaparé dès votre petit lever... Et vous avez peut-être passé une mauvaise nuit ?

LE GÉNÉRAL.

Non, non. — J'ai dormi comme d'habitude; très bien dormi.

JACQUES.

On est tranquille dans ce château ? Pas de bruit ?

LE GÉNÉRAL.

Oh! ici, quand le couvre-feu a sonné et que nos gens sont couchés, on entendrait voler un oiseau.

JACQUES.

Ah bien, votre château ne ressemble guère à l'auberge où j'ai couché!... Ça été toute la nuit un mouvement de voyageurs.

LE GÉNÉRAL.

C'est cela qui vous a chassé du lit de bonne heure ?

JACQUES.

Mon Dieu, oui, général. Je me suis levé avec le jour, pour fuir tout ce vacarme. Voilà pourquoi vous m'avez rencontré, ce matin, errant dans votre bois.

LE GÉNÉRAL.

Où je faisais ma promenade habituelle, promenade hygiénique.... Ce sont des habitudes que j'ai rapportées d'Afrique, et je m'en trouve bien.... Vous vous rappelez, Saunoy, le bivouac, la Kabylie?.... quand vous suiviez notre colonne, avec votre boîte à couleurs sous le bras, en guise de cartouchière.

JACQUES.

Comment pourrais-je oublier ces chers souvenirs, général? N'est-ce pas en Afrique que nous avons fait connaissance? Je n'étais alors qu'un pauvre petit dessinateur inconnu.

LE GÉNÉRAL.

Et moi, un simple chef d'escadron. (A Pierre qui vient d'entrer.) Qu'est-ce que tu veux, toi?

SCÈNE II

Les Mêmes, PIERRE.

PIERRE.

Mon général, tout à l'heure, en allant donner à manger aux faisans, j'ai trouvé une partie de la volière brisée.

JACQUES, à part.

Ah!

LE GÉNÉRAL.

Mes faisans! Ma volière brisée, qu'est-ce que tu nous chantes là?

PIERRE.

Mon général, je dis ce qui est. Le vitrage de la volière a été brisé cette nuit.

LE GÉNÉRAL.

Par qui?

PIERRE.

C'est ce que je venais vous demander, mon général.

LE GÉNÉRAL.

Comment veux-tu que je le sache, imbécile?

JACQUES.

Le vent était violent. — Il aura jeté bas quelques
ardoises qui seront tombées sur le vitrage.

LE GÉNÉRAL.

C'est probable !

PIERRE.

Non, général, ça ne se peut pas. D'abord, pas une
seule ardoise à terre ; puis le vitrage était protégé par
un grillage... enfin, le massif de fleurs est tout piétiné.
Ce n'est pas le vent, c'est un homme qui a fait le coup.

LE GÉNÉRAL.

Un homme ?

Jacques tressaille.

SCÈNE III

LES MÊMES, RIGAUD.

Rigaud, costume de chasseur, fusil à la main. — Il tire de son carnier un faisan qu'il jette aux pieds du général

RIGAUD.

Est-ce assez réussi, hein ?

LE GÉNÉRAL.

Oui, oui. Une belle prouesse ! Je vous conseille de
vous en vanter. Voilà la première pièce que vous tuez,
et c'est un faisan de ma volière.

RIGAUD.

Allons donc, je l'ai fait lever au bout du parc.

LE GÉNÉRAL.

Oui, mais il s'était échappé de sa cage.

RIGAUD.

Un faisan domestique?

LE GÉNÉRAL.

Parfaitement.

RIGAUD.

Vous lui aviez accordé une permission de dix heures.
Il avait découché !

LE GÉNÉRAL.

Je n'avais rien accordé. C'est quelque braconnier
qui aura voulu me voler mes faisans. Il paraît qu'il a
brisé le vitrage de ma volière.

RIGAUD, remettant à Pierre son fusil et son carnier. Pierre
sort.

C'est donc ça qui a fait tout ce bruit?

LE GÉNÉRAL.

Vous l'avez entendu ?

RIGAUD.

Mieux encore ! J'ai vu l'homme.

LE GÉNÉRAL.

Le braconnier?

RIGAUD.

Braconnier, voleur ou amoureux, je ne saurais dire...
Tiens, bonjour, monsieur Saunoy !

JACQUES, toujours à son chevalet.

Braconnier est le plus vraisemblable... On sait dans
le pays que le général élève des faisans. On tente de
les lui enlever, pour les vendre à la ville. Ceci est tout
à fait dans les habitudes des paysans.

LE GÉNÉRAL.

En effet.

RIGAUD.

Très bien, si celui-ci était arrivé par le parc; mais

4.

comme il a sauté de l'une des fenêtres du pavillon...
juste au dessus de la volière, je ne crois guère au braconnier.

LE GÉNÉRAL.

Comment ! comment ! il a sauté de l'une des fenêtres
du pavillon ?

RIGAUD.

Parfaitement ! Cette nuit, après avoir soupé, j'étais
passé dans ma chambre pour fumer un cigare... ma
femme déteste l'odeur du tabac. J'étais appuyé sur mon
balcon. Tout à coup, une fenêtre s'ouvre, une tête ap-
paraît à cette fenêtre, puis un homme s'élance au dehors.

LE GÉNÉRAL.

Un homme !... Vous l'avez reconnu ?

RIGAUD.

Oh ! pour ça, non... dans l'obscurité... impossible de
distinguer... Je n'ai entrevu qu'une silhouette !

JACQUES, à part.

Il m'a fait une peur !

LE GÉNÉRAL.

Il fallait appeler... crier...

RIGAUD.

Je le voulais, mais ma femme m'a retenu ; elle a craint
de me voir mettre votre château en révolution, à cette
heure avancée de la nuit, et cela pour rien.

LE GÉNÉRAL.

Pour rien ! un voleur ?

RIGAUD.

Antoinette n'a pas cru au voleur, et moi j'ai pensé
que le gaillard devait être l'amoureux de l'une de vos
servantes.

LE GÉNÉRAL.

Nos servantes n'ont pas d'amoureux. Toutes sont mariées, hors d'âge et hors concours. D'ailleurs, il n'y avait, cette nuit, dans le pavillon, que vous, Antoinette et ma fille. Saunoy lui-même a couché à l'auberge.

JACQUES.

Oui... à deux pas d'ici.

RIGAUD.

C'est singulier !

LE GÉNÉRAL.

Et... de quelle fenêtre l'homme a-t-il sauté ?

RIGAUD.

D'une fenêtre à droite de la mienne.

LE GÉNÉRAL.

A droite de la vôtre ? Eh ! mais, mon cher Rigaud, c'est celle de la chambre de votre femme.

RIGAUD.

Pas celle-là, l'autre.

LE GÉNÉRAL.

L'autre ? Allons donc ! C'est impossible, c'est la fenêtre de la chambre de ma fille.

JACQUES.

Ciel !

RIGAUD.

Ah ! alors, je n'y comprends rien.

SCÈNE IV

LES MÊMES, ANTOINETTE.

LE GÉNÉRAL, à Antoinette qui entre.

Bonjour, Antoinette. Vous n'avez pas vu Geneviève ?

ANTOINETTE, inquiète.

Non, général, je la cherche partout. Je viens de sa chambre, elle était déjà descendue.

LE GÉNÉRAL, sonne.

Ah ça ! tout le monde était donc sur pied dès l'aube, aujourd'hui ? (Au domestique qui entre.) Cherchez où peut être mademoiselle, et priez-la de venir sur-le-champ. (Le domestique sort.) Nous allons savoir tout de suite à quoi nous en tenir, mais je crois que vous avez rêvé, mon cher Rigaud.

RIGAUD.

Rêvé ! Demandez à Antoinette, elle n'était pas encore couchée quand l'homme a sauté.

ANTOINETTE.

Moi, je n'ai rien vu. Je ne sais que ce que vous m'avez dit.

LE GÉNÉRAL.

Et comme vous aviez la tête farcie de vos drames de cour d'assises...

RIGAUD.

Ah ! c'est trop fort ! vous allez voir !

Il prend un crayon et une feuille de papier sur la table et il a l'air de faire un plan. Antoinette se rapproche de Saunoy comme pour voir le portrait.

ANTOINETTE.

Très ressemblant, monsieur Saunoy.

JACQUES, bas.

Le général est seulement informé qu'un homme a traversé cette nuit la chambre de sa fille...

RIGAUD.

Tenez, général.

ANTOINETTE, bas.

Mais Geneviève parlera.

JACQUES.

M'a-t-elle reconnu ?

RIGAUD.

Voilà où j'étais à fumer, et voilà la fenêtre par laquelle l'homme a sauté.

LE GÉNÉRAL, à Rigaud.

Oui, oui, c'est bien en effet la chambre de ma fille.

SCÈNE V

LES MÊMES, GENEVIÈVE.

GENEVIÈVE, entrant.

Bonjour, Antoinette... monsieur Saunoy!... (Mouvement de Jacques et d'Antoinette.) Bonjour, monsieur Rigaud.

RIGAUD.

Mademoiselle, votre serviteur.

GENEVIÈVE.

Vous m'avez fait demander, mon père ?

LE GÉNÉRAL.

Oui, mon enfant, je m'étonnais de ne pas t'avoir encore vue... Habituellement, j'ai toujours ton premier sourire et ton premier baiser. (Il l'embrasse.) As-tu bien dormi?

GENEVIÈVE.

Non, mal, mon père, très mal.

LE GÉNÉRAL.

Ah! en effet. Tu as ta jolie petite mine toute décomposée. Tu as donc été troublée dans ton sommeil?

GENEVIÈVE.

Oui... J'avais appris hier au soir des choses qui m'avaient fait beaucoup de peine... tu sais ce que je veux dire, Antoinette; vous aussi, mon père? Je suis rentrée dans ma chambre très agitée, très émue... J'ai essayé de dormir, impossible!... et j'ai fait, tout éveillée, le rêve le plus étrange.

LE GÉNÉRAL.

Un rêve?

GENEVIÈVE.

Oh! une extravagance, une vision !

LE GÉNÉRAL.

Une vision?

GÉNEVIÈVE.

J'étais couchée depuis une heure, lorsque, tout à coup, il m'a semblé que ma porte s'ouvrait vivement et sans bruit.

LE GÉNÉRAL.

Ah!

GENEVIÈVE.

Une ombre apparaissait, cherchant son chemin dans l'obscurité... Elle s'approcha de mon lit, recula brusquement et, rencontrant la fenêtre, l'ouvrit, et disparut au dehors.

LE GÉNÉRAL.

... Et dans cette ombre mystérieuse, tu n'as reconnu personne?

GENEVIÈVE.

Personne !

ANTOINETTE et JACQUES.

Ah !

GENEVIÈVE.

La peur me paralysait. J'ai voulu crier, je n'ai pas pu. Et ce matin, à l'heure où il n'y a plus de fantômes, lorsque je me disais que tout cela n'était qu'hallucination, j'ai vu ma fenêtre toute grande ouverte... cette fenêtre que je suis sûre d'avoir fermée hier au soir.

LE GÉNÉRAL.

Allons, Rigaud, vous aviez raison. Un homme est entré cette nuit dans la chambre de ma fille, et en est sorti par la fenêtre.

GENEVIÈVE, surprise.

Comment, je n'ai donc pas rêvé?

RIGAUD.

Non, mademoiselle, vous n'avez pas rêvé. Ni moi non plus.

LE GÉNÉRAL.

Cependant, tu as des verrous à ta porte ?

GENEVIÈVE.

Oui, mais je ne les mets jamais. Tous les soirs ma femme de chambre ferme la porte extérieure du pavillon. Il paraît même qu'hier, par habitude, son mari l'a fermée après avoir servi à souper à M. Rigaud.

RIGAUD.

Je le sais parbleu bien ! Ce matin, à six heures, le fusil sous le bras, je veux sortir pour aller à la garenne du général, impossible d'ouvrir la porte. J'étais prisonnier! Il m'a fallu appeler Pierre pendant un quart d'heure.

LE GÉNÉRAL.

Mais quel peut être cet homme, si ce n'est pas un voleur?

RIGAUD.

Ni un braconnier!

LE GÉNÉRAL.

Alors?

SCÈNE VI

LES MÊMES, OLLIVIER, PIERRE.

LE GÉNÉRAL.

Ma foi, capitaine, vous arrivez à propos, vous allez nous aider à débrouiller une singulière aventure. Je m'y perds. Vous avez été dans les bureaux arabes, vous nous servirez de juge d'instruction.

OLLIVIER.

A vos ordres, mon général.

LE GÉNÉRAL, à Pierre qui se tient au fond.

Qu'est-ce encore?

PIERRE.

Mon général, le jardinier vient de trouver ceci à quelques pas de la volière, juste sous la fenêtre du pavillon de mademoiselle.

Il remet un objet au général et sort.

LE GÉNÉRAL, surpris.

Un bijou...

ANTOINETTE, à part.

Mon médaillon !

LE GÉNÉRAL.

A toi, Geneviève ?

GENEVIÈVE, regardant.

Non, mon père, non.

LE GÉNÉRAL, ouvrant le médaillon.

Un portrait !... un portrait de femme... Eh ! mais le vôtre, Antoinette... Voyez.

ANTOINETTE, troublée.

Oui, oui... je vois...

RIGAUD, regardant.

Parbleu ! celui que tu as fait faire l'été dernier en Bretagne. Monsieur Saunoy, vous devez le reconnaître encore mieux que moi ? C'est vous qui l'avez peint, bien que vous ne l'ayez pas signé...

JACQUES.

Oh ! une miniature, une bagatelle !

RIGAUD.

Je voulais que ma femme m'en fît cadeau pour ma fête, mais elle destinait ce médaillon à son frère, et quand je le lui ai demandé, elle m'a dit qu'il vous était déjà expédié, Ollivier, vous vous rappelez ?

OLLIVIER, qui depuis quelques instants observe Antoinette très troublée.

Oui, en effet.

LE GÉNÉRAL, à Ollivier.

Ce portrait vous appartient, capitaine ?

OLLIVIER.

Oui, mon général.

5

LE GÉNÉRAL.

C'est vous qui l'avez perdu ?

OLLIVIER.

Sans doute.

LE GÉNÉRAL.

La nuit dernière ?

OLLIVIER.

La nuit dernière.

LE GÉNÉRAL.

Mais alors, c'est vous qui vous êtes introduit cette nuit, dans la chambre de ma fille ?

OLLIVIER.

Moi !

ANTOINETTE et GENEVIÈVE.

Que dit-il ?

LE GÉNÉRAL.

C'est vous qui avez laissé tomber ce médaillon sous ses fenêtres...

OLLIVIER.

Moi !...

LE GÉNÉRAL.

Peut-être même l'avez-vous jeté tout exprès, pour qu'on vît plus clairement d'où vous sortiez... pour compromettre plus sûrement ma fille et me forcer à vous accorder sa main que je venais de refuser à votre sœur.

OLLIVIER.

Moi ! moi !

LE GÉNÉRAL.

Vous avez commis là une infamie, monsieur !

OLLIVIER, hors de lui.

Général, vous m'insultez...

LE GÉNÉRAL.

Non, monsieur, je vous juge!

GENEVIÈVE.

Mon père!

TOUS.

Général!

LE GÉNÉRAL, tombant sur un canapé à gauche.

Et cet homme porte une épée... C'est un soldat!

OLLIVIER, très ému.

Général... je vais m'efforcer d'être calme... Ainsi, vous m'accusez, si j'ai bien compris, de m'être introduit, cette nuit, chez mademoiselle de Préfond, pour satisfaire aux rancunes d'un orgueil blessé, et donner gain de cause à d'inavouables convoitises. J'ai voulu vous forcer la main, vous arracher votre consentement. J'ai spéculé sur l'éclat d'un scandale. C'est bien cela, n'est-ce pas? Et c'est à moi que vous attribuez ces honteuses manœuvres, cet odieux calcul... ce guet-apens! Qu'ai-je fait pour mériter un pareil outrage?... J'écoute... j'attends !

GENEVIÈVE.

En effet... mon père... Jamais le capitaine de Treuilles ne m'a dit un mot... Son honneur ne fait question pour personne.

RIGAUD.

Et l'on n'accuse pas un homme comme lui, sans preuves...

OLLIVIER.

Oui, général, des preuves...

LE GÉNÉRAL.

Vous voulez des preuves? Soit! Eh bien! monsieur,

hier au soir, madame Rigaud m'a demandé pour vous la main de ma fille... J'ai opposé à cette demande un refus très net. Quelques heures après, un homme s'introduisait dans la chambre de Geneviève!

OLLIVIER.

Un homme?

LE GÉNÉRAL.

Cet homme s'enfuyait par la fenêtre!

OLLIVIER.

Eh bien?

LE GÉNÉRAL.

Et, dans sa fuite, il laissait tomber, volontairement ou involontairement, ce médaillon, que votre sœur vous a donné que vous avez reconnu comme étant bien à vous, et que vous avez déclaré avoir perdu cette nuit. Qui voulez-vous que j'accuse?

RIGAUD, soupçonneux.

A moins que ce ne soit pas à lui qu'Antoinette ait donné ce médaillon !

OLLIVIER.

C'est bien à moi!

RIGAUD.

C'est impossible! Vous n'avez pas commis cette abominable action.

GENEVIÈVE.

Justifiez-vous, monsieur, c'est si facile... Un mot, un seul...

ANTOINETTE.

Ollivier, réponds !

LE GÉNÉRAL.

Eh bien, monsieur?

OLLIVIER.

Je n'ai rien à dire. Je suis coupable!

JACQUES, à part.

Et ne pouvoir pas parler !

GENEVIÈVE, à part.

Oh ! Ce n'est pas lui !

LE GÉNÉRAL.

J'attends votre démission, monsieur.

OLLIVIER.

Soit ! mon général.

LE GÉNÉRAL.

Viens, Geneviève.

Rigaud sort après le général et Geneviève.

SCÈNE VII

LES MÊMES, moins LE GÉNÉRAL, GENEVIÈVE et RIGAUD.

OLLIVIER, sèchement à Jacques.

J'ai à parler à ma sœur... veuillez nous laisser... Ne vous éloignez pas... peut-être aurons-nous à causer tous deux ensemble !

JACQUES, sortant.

J'attendrai, monsieur.

SCÈNE VIII

ANTOINETTE, OLLIVIER.

OLLIVIER, lui montrant le médaillon.

A qui as-tu donné ce portrait ?

ANTOINETTE,

Ollivier !

OLLIVIER, avec plus de violence,

A qui as-tu donné ce portrait ?

ANTOINETTE.

Grâce !

OLLIVIER.

Je te demande à qui tu as donné ce portrait ? Ce portrait... le tien, que tu as refusé à ton mari ! et que tu as donné à ton amant.

ANTOINETTE.

Mon amant !

OLLIVIER, indigné, avec la plus grande émotion.

Oui, ton amant, tu l'as reçu cette nuit. Il était chez toi, quand ton mari est arrivé. L'amant s'est enfui. Et le médaillon est tombé. Est-ce vrai ?

ANTOINETTE, pleurant.

Ah ! si tu savais... si je pouvais te dire...

OLLIVIER.

Quoi ? Quelle défense ? Quelle justification ? L'excuse banale de toutes les femmes qui n'ont pas su garder intact le respect de leur foyer... un mari qui déplaît, un amant qui charme... Des paroles d'amour qui enivrent... qui font tout oublier... tout ! Le devoir, la foi jurée, l'honneur du nom, mon honneur à moi que je viens de te sacrifier... ma carrière... que je brise pour e sauver.

ANTOINETTE,

Je ne le veux pas, je ne le veux pas !

OLLIVIER.

Sans moi, malheureuse femme, tu étais perdue ! Ton mari commençait à soupçonner ta faute... Son instinct entrevoyait la vérité. Sa brutalité t'eût déshonorée devant tout le monde. Il t'eût jeté sans pitié ta honte au visage.... Et tu as eu peur de ses violences ?

ANTOINETTE, affolée.

Oui, peur... oui, j'ai eu peur... peur d'avoir à rougir devant Geneviève, si pure, si chaste ! Et alors, j'ai été lâche ! Je n'ai pas osé crier comme c'était mon devoir. Il n'y a qu'un coupable ici, c'est moi, et d'ailleurs, qui aurait cru à mon innocence, puisque tu n'y crois pas, toi ?

OLLIVIER.

Non !

ANTOINETTE.

Ollivier... je te jure... au nom de notre mère !...

OLLIVIER.

Notre mère ! Je me rappelle encore ses dernières paroles : « Je te lègue cette enfant, m'a-t-elle dit, elle n'aura bientôt plus que toi. Sois son exemple, son appui, et quoique tu sois bien jeune encore, tiens-lui lieu de père !... » J'ai obéi à cette pieuse volonté, et je n'ai récolté que de la honte. Je n'y survivrai pas, mais j'aurai fait mon devoir.

ANTOINETTE.

Toi, mourir à cause de moi ?

OLLIVIER.

Pas avant d'avoir châtié celui qui t'a perdue... Son nom ?

ANTOINETTE.

Je t'en supplie, ne me le demande pas.

OLLIVIER.

Son nom ? son nom ? A qui as-tu donné ce portrait ? (Antoinette jette un regard à droite.) A Saunoy, n'est-ce pas ? Cela devait être. Je lui sauvais la vie... il me prenait l'honneur de cette enfant ! Mais je le tuerai !

ANTOINETTE.

Un duel ? Un scandale ?

OLLIVIER, avec rage.

Un scandale !... Ah !... je ne puis pas même le tuer... Si je me bats avec lui, on recherchera la cause de cette rencontre... On la trouvera peut-être et cette honte, que je veux lui épargner à tout prix, éclaterait en pleine lumière! Avant de briser mon épée, je n'ai pas même le droit de m'en servir contre lui !

SCÈNE IX

LES MÊMES, LE GÉNÉRAL.

Ollivier, à l'entrée du général s'incline et sort.

ANTOINETTE.

Général !

SCÈNE X

ANTOINETTE, LE GÉNÉRAL.

Un instant de silence. — Le général regarde Antoinette comme pour l'inviter à parler.

LE GÉNÉRAL.

Madame...

ANTOINETTE, d'une voix entrecoupée.

Vous excuserez mon trouble, mon émotion. (A part.) Jamais je n'aurai le courage !

LE GÉNÉRAL.

En effet, mon enfant, vous êtes toute bouleversée...
Remettez-vous.

ANTOINETTE.

Je souffre tant!

LE GÉNÉRAL.

Je comprends... vous aimez tendrement votre frère,
et votre chagrin a dû être grand.

ANTOINETTE.

Oui... J'ai éprouvé une douleur que je ne saurais ex-
primer en apprenant que mon frère était accusé d'une
action indigne... dont il n'est pas l'auteur.

LE GÉNÉRAL.

Que voulez-vous dire?

ANTOINETTE.

Ollivier est innocent!

LE GÉNÉRAL.

Ce n'est pas lui qui s'est introduit cette nuit dans la
chambre de ma fille?

ANTOINETTE.

Non!

LE GÉNÉRAL.

Qui a perdu votre médaillon sous ses fenêtres?

ANTOINETTE.

Non.

LE GÉNÉRAL, la regardant.

Qui donc, alors?

ANTOINETTE, avec effort.

Quelqu'un qui s'est égaré et n'a pas trouvé d'autre
issue pour s'échapper.

LE GÉNÉRAL.

Mais, ce quelqu'un comment était-il là, dans ce corridor à cette heure avancée de la nuit? Qui cherchait-il? (Antoinette baisse la tête.) Et si votre frère savait tout cela, pourquoi s'est-il laissé accuser et n'a-t-il pas révélé le nom du vrai coupable?

ANTOINETTE.

Par générosité... par grandeur d'âme... il a préféré se sacrifier.

LE GÉNÉRAL, l'observant.

A un inconnu?

ANTOINETTE.

Non... à une personne qu'il aime plus que tout au monde... à une personne dont l'honneur lui est plus cher que le sien et qui, si elle a été imprudente, n'a jamais été coupable.

LE GÉNÉRAL.

Et cette personne... Je la connais?

ANTOINETTE.

Oui... général... vous la... mais ne la regardez pas ainsi... Ne la forcez pas à avouer... Non... je ne dois pas... Je ne peux pas... Je ne peux pas...

LE GÉNÉRAL.

Eh bien, madame, dites à cette personne qu'elle n'a ici qu'un ami.

SCÈNE XI

LES MÊMES, UN DOMESTIQUE.

LE DOMESTIQUE.

Le capitaine de Treuilles demande si mon général peut le recevoir?

LE GÉNÉRAL.

Un instant !

Le domestique sort.

ANTOINETTE, bas.

Mon frère! Ah! général, qu'il ne me trouve pas ici; qu'il ne puisse pas soupçonner...

LE GÉNÉRAL, désignant une porte latérale à Antoinette.

Sortez de ce côté, madame. (Antoinette sort et baise les mains du général sans dire un mot — Il sonne, le domestique entre.) Faites entrer le capitaine de Treuilles !

SCÈNE XII

LE GÉNÉRAL, OLLIVIER.

Ollivier entre très pâle, très ému. Il tient un papier à la main.

OLLIVIER.

Mon général, je viens vous remettre ma démission et prendre congé de vous.

LE GÉNÉRAL.

Vous partez, monsieur ?

OLLIVIER.

Oui, mon général, avec le regret profond de laisser d'aussi tristes souvenirs, dans une maison qui m'a été si hospitalière.

LE GÉNÉRAL.

C'est bien vous, capitaine, qui me tenez ce langage... Maintenant que le premier mouvement de colère est passé, quand je me rappelle vos services, votre loyauté, votre bravoure, j'ai peine à vous croire coupable et je me demande si vous n'avez pas quelque motif secret qui vous oblige à me taire la vérité !

OLLIVIER, vivement.

Aucun, général, aucun.

LE GÉNÉRAL.

Ainsi, vous persistez à vous reconnaître coupable de cette action indigne ?

OLLIVIER, la voix étranglée.

Oui, mon général.

LE GÉNÉRAL.

C'est bien vous qui vous êtes introduit, cette nuit, dans la chambre de ma fille ?

OLLIVIER.

Oui, mon général.

LE GÉNÉRAL.

Pour me forcer à vous accorder sa main ?

OLLIVIER.

Oui, mon général.

LE GÉNÉRAL.

Et vous voilà réduit à donner votre démission... c'est-à-dire à briser une carrière qui promettait d'être glorieuse, car si la cause de cette démission vient à être connue, il vous sera difficile de reprendre rang dans l'armée... Avez-vous réfléchi à cela ?

OLLIVIER.

Oui, mon général... je sais... je verrai... je chercherai...

LE GÉNÉRAL.

Soit... mais enfin, je ne veux pas oublier que votre père a été un de mes plus chers compagnons d'armes...que je n'ai eu, jusqu'à ce jour, qu'à me louer de vous, et si je puis vous aider à quelque chose...

OLLIVIER, les larmes dans la voix.

Ah ! mon général !

LE GÉNÉRAL.

S'il vous convenait, pour éviter des suppositions malveillantes, de rester ici quelque temps encore, d'ajourner votre démission...

OLLIVIER.

Non, mon général, non. Je suis très touché, très reconnaissant... mais je ne resterai pas ici une heure de plus... je ne le pourrais pas.

LE GÉNÉRAL.

Alors, vous êtes bien décidé ?

OLLIVIER.

Oui, mon général.

LE GÉNÉRAL.

Vous ne regrettez rien ?

OLLIVIER.

Rien ! que votre estime.

LE GÉNÉRAL.

Voyons les termes de cette démission. (Il prend le pli qu'Ollivier a déposé sur la table.) C'est bien. (Lui désignant une table.) Signez !... (Ollivier, suffoquant, prend la plume et signe. Il remet le pli au général.) Ollivier, vous êtes le plus brave cœur que je connaisse. Embrassez-moi !

OLLIVIER, stupéfait, serre la main du général.

Mon général !

SCÈNE XIII

LES MÊMES, ANTOINETTE, RIGAUD, GENEVIÈVE.

LE GÉNÉRAL.

Ah ! mon cher Rigaud, vous arrivez à souhait, je vous présente mon gendre.

RIGAUD, stupéfait.

Votre...

ANTOINETTE, avec joie.

Ah !

OLLIVIER.

Est-ce possible ? Vous consentez ?

LE GÉNÉRAL, à Rigaud.

A donner ma fille à un mari digne d'elle.

OLLIVIER.

Ah ! général !

GENEVIÈVE.

Cher père... tu as pardonné !

LE GÉNÉRAL.

C'est un grand coupable... mais il t'aime tant ! Eh bien ! es-tu contente? es-tu heureuse ?

GENENIÈVE.

Que tu es bon !

LE GÉNÉRAL.

Je suis bon... je suis bon... trop peut-être, mais... si ta mère avait vécu, si elle avait connu Ollivier, comme je le connais... je suis sûr qu'elle eût approuvé mon choix, et qu'elle m'eût relevé de mon serment.

GENEVIÈVE.

Oh ! j'en suis certaine aussi !

LE GÉNÉRAL.

D'ailleurs, je n'avais pas le droit de priver mon pays d'un soldat tel que lui !

OLLIVIER.

Mais, général, à qui dois-je cette joie inespérée?

LE GÉNÉRAL.

A quelqu'un qui a beaucoup souffert et qu'il faut

beaucoup aimer. (A Antoinette.) Eh bien, Antoinette, vous ne dites rien... vous voilà toute saisie... Si la belle-sœur que je vous donne ne vous convient pas... parlez... il est encore temps !

ANTOINETTE.

Ah ! général !

LE GÉNÉRAL.

Allons... un bon mouvement... félicitez votre frère, embrassez-le !

Antoinette hésite un instant. — Ollivier lui ouvre les bras et elle s'y jette.

RIGAUD, au général.

Général ! c'était donc bien lui ?

LE GÉNÉRAL.

Qui voulez-vous que ce fût ? En apprenant mon refus, il a perdu la tête et dans son affolement... Vous ne comprenez pas cela, vous Rigaud, vous n'avez jamais été amoureux !...

RIGAUD.

Mais si, mais si... j'ai été tout cela... Seulement, moi, je sortais par l'escalier...

LE GÉNÉRAL.

Nous sommes plus modernes, nous, nous avons changé tout ça !

FIN

IMPRIMERIE GÉNÉRALE DE CHATILLON-S-SEINE. — A. PICHAT.

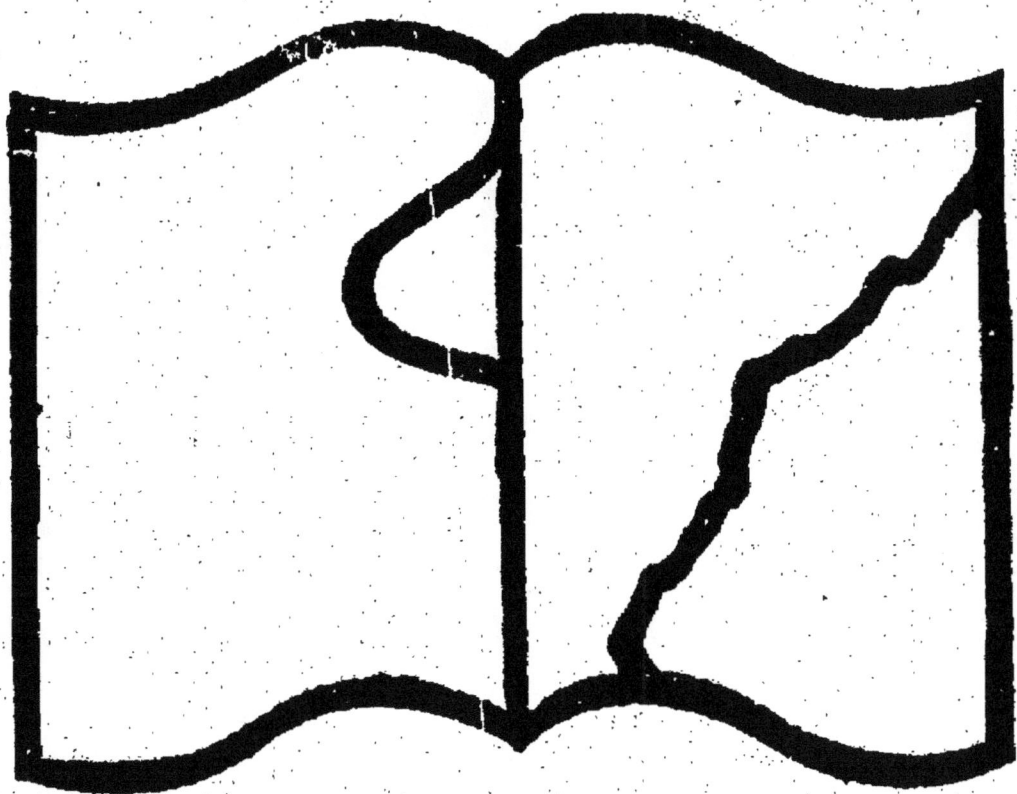

www.ingramcontent.com/pod-product-compliance
Lightning Source LLC
Chambersburg PA
CBHW060634100426
42744CB00008B/1626